HANNAH MERKER

… und plötzlich war es still

Buch

Im Alter von 39 Jahren verlor Hannah Merker durch einen Skiunfall ihr Gehör. Die Welt der Töne, der lauten und leisen Geräusche, die das Leben begleiten und die jedem Gesunden so selbstverständlich sind, verschließt sich auf dramatische Weise. In ihrem Buch beschreibt Merker ihre persönliche Geschichte vom Verlust der Töne und ihrer Erinnerung an sie. Sie beschreibt, wie sie mit Hilfe ihrer speziell trainierten Hündin lernt, sich zurechtzufinden. Dabei gelingt es ihr, etwas so Abstraktes wie den Schall und etwas so Unnennbares wie das Schweigen anschaulich und eindrücklich in Worte zu fassen. Ihre Reflexion über das Wesen der Sprache, über Kommunikation und Akustik sensibilisieren für das Geschenk des Hörens.

Autorin

Hanna Merker schreibt u. a. für die *New York Times* und war Gastprofessorin für Humanwissenschaften an verschiedenen Universitäten im Osten der USA. Sie hat außerdem eine Außenstelle der *Library of Congress* für Behinderte eingerichtet und geleitet.
Die Autorin lebt und arbeitet auf einem Hausboot in der Bucht von Long Island, New York.

Hannah Merker

... und plötzlich war es still

Eine Frau erkundet ihre lautlose Welt

Aus dem Amerikanischen
von Christel Dormagen

GOLDMANN

Umwelthinweis:
Alle bedruckten Materialien dieses Taschenbuches
sind chlorfrei und umweltschonend.

Vollständige Taschenbuchausgabe Januar 1999
Wilhelm Goldmann Verlag, München
in der Verlagsgruppe Bertelsmann GmbH

Originalverlag: HarperCollins, San Francisco
Originaltitel: Listening – Ways of Hearing in a Silent World
Umschlaggestaltung: Design Team München
Umschlagabbildung:
Satz: IBV Satz- und Datentechnik GmbH, Berlin
Druck: Elsnerdruck, Berlin
Verlagsnummer: 12712
KF · Herstellung: Sebastian Strohmaier
Made in Germany
ISBN: 3-442-12712-2

1 3 5 7 9 10 8 6 4 2

für Harvey ...
und natürlich
für Sheena

»... Nach alter jüdischer Überlieferung
hören wir den Dingen zu,
den Bäumen, den Wolken, den Kieselsteinen.
Ich hätte gerne jenen Mauern zugehört,
hätte sie fragen mögen,
an was sie sich erinnern ...«

Elie Wiesel
New York Times, 23. Januar 1986

1

»An einem bestimmten Punkt sagst du zu den Wäldern, dem Meer, den Bergen, der Welt: Jetzt bin ich bereit. Jetzt werde ich anhalten und nur aufmerksam sein. Du machst dich leer, du wartest und horchst ... du wartest, du widmest dein ganzes Leben dem Zuhören.«

Annie Dillard
Teaching a Stone to Talk, 1982

Die Welt steht still, dort, wo wir sind. Und jenes kleine Stück vom Planeten gehört ganz uns. Mögen wir uns noch so dichtgedrängt mitten unter Kollegen und Gefährten, in der Familie oder unter Freunden befinden, jeder von uns empfängt die Botschaften der Erde gesondert und reagiert an seinem Platz als einzelner auf sie.

Manchmal sind die Botschaften undeutlich. Manchmal empfangen wir sie überhaupt nicht und antworten deshalb auch nicht.

Wie kannst du wissen, daß die Welt um mich herum stumm ist – daß ich sie nicht höre, wenn du hinter mich trittst, und nicht höre, wenn du von weitem meinen Namen rufst? Das Schweigen, das mich umgibt, ist unsichtbar. Wie kannst du wissen, daß der Gesang junger Vögel im Frühling, das Rascheln alten Laubs, das sanfte Seufzen des Westwinds – daß all diese zarten Geräusche, die deinen Alltag verschönern, für mich nicht existieren? Das Brummen eines Fahrzeugs, der stampfende Tritt eines Läufers hinter dir bei einem Spaziergang, das leichte Klopfen des Regens auf ein Dach gehören so selbstverständlich zu deiner Wahrnehmung, daß du dir nicht vorstellen kannst, daß all das für einen Menschen neben dir vielleicht nicht vorhanden ist. Wie sollst du es auch wissen können, wenn ich es dir nicht erzähle?

Und wie soll ich dir von etwas erzählen, das nicht da ist, wenn ein Teil meiner Sinne schläft und Geräusche nicht mehr mit bestimmten Situationen verbindet?

Aus diesem Grund müssen wir miteinander reden und jeder auf seine Weise zuhören. Und wenn wir dann gemeinsam am Strand oder auf einem sandigen Uferpfad spazierengehen, wirst du dich vielleicht fragen, was ich wohl in diesem Augenblick höre ...

Vielleicht wirst du meinen Arm berühren, damit ich dich anschaue, und wirst sagen: »Der Wind flüstert in den Weiden ...« oder: »Die Möwen dort hinten kreischen über den Fischernetzen ...« oder: »Irgendwo in der Nähe spielt jemand Geige ...«

Ich werde diese Geräusche immer noch nicht hören, aber jetzt werde ich wissen, daß sie da sind. Vielleicht werde ich mich auch erinnern, daß ich früher einmal, ohne darüber nachzudenken, wußte, daß mit der schwankenden Weide oder der Seemöwe ein Geräusch verbunden ist. Die Welt wird größer, wenn die Sinne wie der für die erhabene Symphonie des täglichen Lebens erwachen. Wir haben *beide* vergessen, daß diese Geräusche existieren.

Und deshalb handelt dieses Buch vom Zuhören ... von neuen Weisen des Zuhörens für Hörende und Hörgeschädigte.

Und es handelt von einem mutigen Experiment, bei dem eine große Freundschaft auf dem Spiel stand, einem Experiment, das für mich ein Abenteuer in Gang setzte, das in seinem Verlauf immer umfassender wurde, hier an diesem stummen Platz in der Welt, an dem ich stehe.

*

Als ich Sheena heute morgen, an meinem Geburtstag, in unserem verlassenen winterlichen Bootshafen ausführte, zwischen all den aufgebockten Booten hindurch, die in blaue Plastikfolie oder grauweiße Zeltbahn gehüllt waren, stand ich schließlich draußen am Nordufer und trat auf Zehenspitzen an den Rand, wo die Uferböschung steil abfällt und, wenn der Fluß Ebbe hat, fast in senkrechtem Winkel in Sand und Schlamm mündet. Er war dort. Er hörte uns, obwohl ich dachte, wir seien leise gewesen. Er erhob sich leicht, mit gerade nach hinten gestreckten Beinen und stahlblauen, geschwungenen Flügeln, kreiste niedrig, ohne mit den Flügeln zu schlagen, landete auf dem Ast eines blattlosen Baums auf der anderen Seite des Flusses und war kaum zu erkennen in dem blaugrauen Dunst aus Sprühregen und Frühnebel.

Es war kurz vor sieben Uhr und noch winterlich dunkel. Ohne mich zu bewegen, dachte ich über Geräusche nach, überlegte, was mein großer Blaureiher gehört haben mochte, was ihn wohl vor unserem Kommen gewarnt hatte. Es ist ein ernstes Spiel, das ich betreibe, diese Suche nach Tönen, dieses Umherspähen und Nachdenken über Moleküle in der Luft, die in Schwingung versetzt werden und in der Leere des Raums etwas hinterlassen, das vorher nicht da war – das rauschende Seufzen eines leichten Windes, das anschwellende, brausende Geschwirre eines Schwarms von Wildgänsen, die im frühen Morgenlicht aus dem Schilf aufsteigen, der langsam tuckernde Motor der Handelsfischerboote, die zu ihren Fanggründen im Long-Island-Sund hinausfahren.

Die in Schwingung versetzte Luft kann ich nicht hören; die Nachricht von ihrem Vorhandensein erreicht mich trotzdem. Der leichte Wind überzieht den Fluß mit schläfrigem Gekräusel, ich spüre ihn sanft auf meinen Wangen, er richtet den orangefarbenen Tuff zwischen Sheenas Ohren auf. Die Gänse verursachen einen Aufruhr, Hunderte tauchen aus dem Röhricht auf, schwingen sich in Gruppen von vierzig oder fünfzig empor, jeder schnatternde Haufe ordnet sich im Flug zu einem Schwarm, der für den heutigen Tag eine weitläufige Wiese, einen Teich, einen Golfplatz zu finden sucht und nach Sonnenuntergang zu unserem Uferröhricht zurückkehrt, unserem sicheren kleinen Plätzchen am Fluß. Ich trinke meinen Morgenkaffee, halte Ausschau nach einer Bewegung im Schilf, die nicht vom Wind herrührt, der die Halme biegt, und warte darauf, daß Sheena zum Fenster saust, mit himmelwärts gewandtem Blick, der mir mitteilt, daß sie ihre Schreie ausstoßen und sich miteinander unterhalten (heute zum Dosoris-Teich oder Richtung Stadt zum Golfplatz? ... Ich stelle mir ihre Unterhaltung vor). Der Aufbruch der Fischer erreicht mich durch das plötzliche Schwanken des Bootes unter meinen Füßen und durch gekräuseltes Flußwasser, das sich fächerförmig ausbreitet und gegen unseren Schiffsrumpf schlägt. Häufig kann ich daran, wie sich mein Boot bewegt, erkennen, welcher Fischer in die Fahrrinne zum Hafen einbiegt. Jeder Kapitän geht anders mit seinem Boot um. Ich rate, bevor ich hinaussehe ..., ist es die *Osprey* oder die *Navigator*, die *Minute Made, Deliverance, Fisher, Daisy II, Rebecca* oder die *Take Five?*

Ich trete vom Rand der Uferböschung zurück und schaue mich um. Ich stehe auf Kies, der sicherlich geknirscht hat, als ich darüber ging, und ein mahlendes Geräusch machte, als Sheena schnüffelnd voranstolzierte. Unsere Füße treten hier nicht, wie an anderen Stellen des Bootshafens, auf ein Kissen aus wildem Gras oder Sand. Und sie sind es, die unserem Reiher verkündet haben: »Da sind sie wieder, an meiner bevorzugten Stelle.« Sein Schnabel öffnete sich, als er über dem Fluß aufstieg, und entließ – das weiß ich – jenen lauten, krächzenden, charakteristischen Reiherschrei.

Mein Spiel bereichert meine Stunden, verzaubert mir so manchen Augenblick mit Staunen, der sonst vielleicht ereignislos und ruhig verstrichen wäre. Diese Momente sind mir willkommen. Es ist die abwesende Ankunft von Lauten, die meiner stummen Welt eine Dimension verleiht, die ich nicht missen möchte.

Und mein Spiel hat einen Namen.

Ich nenne es ZUHÖREN.

*

Es war vor zweiundzwanzig Jahren, ziemlich gegen Ende meiner zweiten Ehe. Mein Mann, ein Landschaftsplaner, nahm immer an der jährlichen Tagung von Leuten seines Fachgebiets teil, die jeweils im Januar (wenn es wenig zu tun gab) in einem großen Ferienhotel in den Catskill-Bergen stattfand. Ich hatte mich stets standhaft geweigert, ihn zu begleiten, und lieber unseren vier Kindern (er war Witwer gewesen, und ich hatte seine zwei Kinder adoptiert) dabei zugesehen, wie sie mit unserer sich ständig vergrößernden Katzenschar im Januarschnee herumtollten. Ich war damals – was ich von jeher und noch immer bin – ein atavistisches Überbleibsel: der letzte lebende seßhafte Mensch auf der körperbewußten Long-Island-Insel oder vielleicht sogar auf der ganzen Welt. Ich liebe den Winter hinter fest geschlossenen Fenstern. Die einzigen Sportarten, die ich betreibe, sind Segeln und Strandspaziergänge mit meinem Hund – beides in gemächlicher Gangart. Läufer auf den Straßen oder Segler, die bei Sturm unterwegs sind, nehme ich als surrealen Nebel einer krankhaften Jagd wahr. Nichts treibt mich zur Eile an.

Ich vermied diese Tagungen, da es dort keinen Ort gab, wo man sich mit einem Buch zusammenrollen konnte. Die Zimmer waren wenig einladend, die Menschenmengen lärmig und ach-so-aktiv. Sie fuhren Schlittschuh, Schlitten, Ski ... In jenem Jahr war meine Ehe schon angeschlagen, und ich entschloß mich mitzufahren. Ich füllte einen ganzen Koffer mit Büchern und packte auch meine Schreibmaschine ein. Um meinem Mann eine Freude zu machen, kaufte ich leuchtendgelbe Skikleidung – eine Farbe, die ich hasse und nie trage. Ich wollte ihn nicht dadurch in Verlegenheit bringen, daß ich mich die ganze Zeit in unser Zimmer zurückzog und nicht an den fröhlichen Freizeitbeschäftigungen der anderen Ehefrauen teilnahm.

Es schien nur einen einzigen Weg nach unten zu geben. Der Schlepplift, der mich zu dieser eisigen Bergspitze gebracht hatte, transportierte Skifahrer nur nach oben. Eine Sekunde lang hatte ich beim Hochfahren loslassen wollen. Gelähmt vor Angst, fürchtete ich mich aber noch mehr vorm Loslassen. Oben angekommen, wußte ich nicht, was ich jetzt tun sollte. Ich hatte noch nie auf Skiern gestanden. Was hatte ich an einem bitterkalten, grauen Januarmorgen auf der Spitze eines Berges zu schaffen, die jemand neben mir als ein »gläsernes Tuch« bezeichnete?

Finstere, hohe, ausladende Fichten warfen düstere Schatten über den Berg, einen Berg, der bunt gesprenkelt war von der lustigen Kleidung der Skifahrer. Sie glitten mühelos den Abhang hinunter, manche stürzten auf halber Strecke, lachten. Wenn ich hinfallen könnte ..., im Sitzen hinunterrutschen ..., wenn ...

Ich kann mich nicht mehr erinnern, wie ich oben losfuhr. Oder wie ich stürzte. Ich erinnere mich aber, daß mir die Stille auffiel, das Schweigen, als ob alle den Berg verlassen hätten und ich alleine wäre. Ich öffnete die Augen. Ich lag auf dem Rücken. Ich konnte sehen, daß Menschen miteinander redeten – ein Film, bei dem die Tonspur plötzlich verstummt war. Und ich konnte auch nicht richtig sehen. Alles war verschwommen.

Als ich in unserem Zimmer den gräßlichen Skianzug ausgezogen hatte, bestätigte sich das, was ich schon wußte: Es waren keine Knochen gebrochen. Ich konnte nicht gehen, weil ich Krücken brauchte, meine eigenen von zu Hause. Ein angeborener Rückenfehler machte es erforderlich, daß ich immer ein Paar Krücken sowie einige Spazierstöcke mit mir führte, für den Fall, daß ich stürzte. Mit einem Stützgurt und Krücken würde ich wieder laufen können. Es sollte Wochen dauern, bevor mir bewußt wurde, wie stark die Erschütterung mein Gehör beschädigt hatte. Die Verletzung meiner Augenmuskeln wurde schließlich durch Prismen in meinen Brillengläsern behoben, die die Doppelsichtigkeit korrigierten. Ich trage seit meinem fünften Lebensjahr eine Brille. Eine weitere Änderung bei ihrer Verschreibung war nicht beunruhigend; ebensowenig wie der Schock für meinen empfindlichen Rücken. Ich hatte schlimmere Zeiten durchgemacht.

Ein klein wenig Hörvermögen kehrte zurück. Daß es so langsam voranging, deutete ich als Zeichen des Heilungsprozesses. Jenes zurückgekehrte Resthörvermögen verebbte jedoch allmählich wieder. Daß Menschen über das Wahrnehmen von Geräuschen mit der Welt umgehen und über gehörte Sprache miteinander ihre Gedanken austauschen, wird allgemein für selbstverständlich gehalten. Kann ein Mensch, der normal hört, sich überhaupt vorstellen, was es heißt, wenn einem anderen diese Fähigkeit fehlt? Oder ihm selber ...? Wie läßt sich eine stumme Welt vorstellen?

Nach dem Unfall kehrte ich zu meiner Arbeit zurück, die

mich herausforderte und die ich liebte – auf Krücken und mit einer neuen Brille. Ich war Direktorin des Bibliotheksbereichs für die Seh- und Körperbehinderten in Suffolk County (New York), einer Außenstelle der Spezialabteilung für behinderte Leser an der Library of Congress. Ich hatte diese Abteilung der Bibliotheksdienste selber eingerichtet. Behinderte Leser in Suffolk County waren bis dahin auf die Außenstelle der New Yorker Bibliothek angewiesen. Die Sonderleistungen für alle in Frage kommenden Leser aus dem Suffolk County waren damals durch die Spezialabteilung für die lesende behinderte Bevölkerung wesentlich verbessert worden. Schnell nahm diese Gruppe an Zahl so sehr zu, daß sie in den Mittsiebzigern schon größer war als die Leserschaft mancher ganzer Staaten.

Ich fand die Bibliotheksarbeit insgesamt aufregend. Doch vor allem die schwierigen Aufgaben in der Handbibliothek und die Einführung der neuen Dienstleistungen im County bereiteten mir reinstes Vergnügen. Auch das komplizierte politische Geschäft des Geldsammelns für diese Dienste brachte mir Spaß: Zwar wurden die Bücher und Zeitschriften auf Tonband und Kassette ebenso wie die Maschinen, auf denen sie abgespielt werden konnten, und die Materialien in Blindenschrift von der Regierung umsonst zur Verfügung gestellt, aber die einzelnen Büchereien hatten für Räumlichkeiten, Einrichtung und Personal selbst zu sorgen. Meine vier halbwüchsigen Kinder halfen mir, und außerdem hatte ich noch einige Angestellte. Eine Zeitlang merkte ich nicht, daß ich zunehmend Schwierigkeiten beim Telefonieren hatte. Es war Sommer, und meine Spezialabteilung existierte bereits seit vier Jahren. Das Angebot dort hatte sich so erweitert, daß man daran dachte, die Abteilung im Gebäude der County-Bibliothek unterzubringen.

Es war Sommer. Ich fand es herrlich, zum Abschluß des Tages zu segeln. Ich kam nach Hause, bereitete das Abendessen und eilte dann zum Strand meines Bruders, wo ich meinen Katamaran, die Yes Yes, liegen hatte. Diese ein oder zwei Stunden Segeln in der Bucht – begleitet von Barney, meinem großen, gescheckten Boxer, während der sommerliche Nach-Abendbrot-Himmel wie ein Regenbogen aus ständig wechselnden Farben aussah – bedeuteten mir mehr als essen.

Eines Abends kam ich nach Hause und fand am Ende der Auffahrt vier weinende Kinder vor. Mein Ehemann hatte ihnen mitgeteilt, daß er sich scheiden lassen wolle, falls ich nicht mit dem Segeln und mit der Arbeit aufhöre und endlich, wie es sich für die Frau eines Geschäftsmannes gehörte, ein gastliches Haus führte.

In dem neuen Gebäude, in dem die Spezialabteilung für Behinderte jetzt untergebracht war, gab es auch einen neuen County-Bibliotheksdirektor, mit dem ich mich nicht verstand. Eine meiner blinden Leserinnen und ihr Ehemann waren vor kurzem nach Barbados umgezogen. Sie luden mich zu einem ausgedehnten Urlaub ein. Ich nahm mir für eine Woche frei und schickte meinem neuen Chef später eine Botschaft über Funk: Ich würde für einen unbefristeten Zeitraum dort bleiben. Er feuerte mich auf der Stelle.

Die Freiheit ist eine Droge. Auf jener stillen, freundlichen Insel spazierte ich über fast menschenleere Strände und segelte in schmalen Einern vorsichtig an Korallenriffs vorbei. Es wurde Zeit, mit etwas Neuem zu beginnen.

Als ich nach Wochen wieder zurückkehrte, fand ich eine ideale Wohnung in einem alten Gebäude und verließ nur zu gern jenes moderne Heim mit all dem dazugehörigen Land, dem ich mich nie verbunden gefühlt hatte, obwohl ich es gewesen war, die das Anwesen eines Tages entdeckt hatte, als wir nach einem größeren Haus suchten. Ich nahm mein Klavier mit, meinen Hund, mein altes, aber verläßliches Chevy-Kabrio und sonst kaum etwas. Ich ließ mehr zurück als materiellen Besitz: Da stand ich unter einer alten Weide, deren lange, schüttere, gelb werdende Zweige über die muschelverkrusteten Felsen strichen (Northport Harbor war weniger als zwei Meter von meiner neuen Hintertür entfernt), und sah den Angestellten meines Mannes zu, wie sie meine wenigen Besitztümer in die neue Wohnung trugen – und ich wußte, ich hatte mich für immer von der Verpflichtung losgesagt, ein Leben nach Idealen zu führen, die nicht die meinen waren.

Nicht lange danach – ich hatte da schon meine erste Hörhilfe – lehnte ich mehrere hervorragende Arbeitsangebote ab und eröffnete, einen halben Block von meiner Wohnung entfernt, einen Buchladen am Hafen.

*

Eines Abends vor sechseinhalb Jahren – am 20. Mai 1986 gegen 19.30 Uhr – stieg ich aus meinem Boot, der *Bette Anne,* und brach mit Sheena, meiner Taubenhündin, zu einem langen Spaziergang am Strand auf. Plötzlich knurrte Sheena wütend ein riesiges, friedliches Geschöpf an, das doppelt so groß war wie sie. Auf diese Weise lernte ich Lucky kennen und die Person, zu der er gehörte. Und so endete das, was ich als mein vierzehnjähriges unabhängiges Leben ansah. Sieben Jahre davon hatte ich als Schiffsbewohnerin an der Nordostküste von Long Island verbracht, einem fischförmigen Stück Land von weit über hundert Kilometern Länge, das an der südöstlichen Grenze des Staates New York liegt. Ich lebte auf dem Wasser allein – mit einem Hund und einer ständig wechselnden Katzenschar. Was in Wirklichkeit aufhörte, war nicht mein selbstbestimmtes Leben, sondern mein Alleinleben.

Mir gefiel mein Leben so, wie es war. Ich hatte nie erwartet, daß ich jemanden finden würde, der bereit war, es mit mir zu teilen – einen Mann, mit dem ich es gerne teilen würde. Harvey zog ein, mit Lucky und mit Oreo, einer mittelalten Katze. Neun Tage später bekam meine Emily drei riesige Junge (Emily verließ wenig später ihr Heim ... Ich vermute, Mutterschaft war nichts für sie). Auf diese Weise belief sich unsere Katzenbevölkerung auf elf Tiere,

Harvey baute Schränke und ein Bett, das sich über Tag zusammenklappen ließ. Ich tippte Artikel und Geschichten, korrigierte Englischaufsätze von Schülern, die häufig nicht den Namen der Stadt, in der sie lebten, buchstabieren konnten und denen das auch egal war. Den Buchladen gab es nicht mehr. Ich war freie Journalistin und Autorin, außerordentliche Englischprofessorin an verschiedenen Universitäten auf Long Island und schließlich die verantwortliche Herausgeberin einer akademischen Rezensionszeitschrift.

In jenem ersten gemeinsamen Winter baute Harvey, während die Katzen heranwuchsen, im Cockpit des Hausbootes ein zwei Meter fünfzig langes Dinghi. Während unserer langen Abendspaziergänge mit Lucky und Sheena sahen wir uns in den verschiedenen Bootshäfen und überall sonst nach Schiffen um, die zum Verkauf standen. Im folgenden April, elf Monate nachdem wir einander begegnet waren, kauften wir die *Haimish,* eine gut neun Meter lange Schaluppe, auf der wir jetzt noch leben. Das Hausboot wurde mein Büro. Und außerdem haben wir noch *Baby,* das sechs Meter lange Segelboot, das Harvey schon seit über zwanzig Jahren besitzt.

An einem strahlenden, über vierzig Grad heißen Tag im darauffolgenden April, als die Weide am anderen Flußufer ihr junges Grün in einer frischen Brise wehen ließ und die Schwäne ein Nest im nahe gelegenen Schilf bewachten, feierten wir unsere Hochzeit. Mit mehr als hundert Freunden und Verwandten, die auf dem Deck der *Haimish,* dem Dach der *Bette Anne* und dem Steg dazwischen versammelt waren. Wir selber residierten auf dem Bug unseres Heims unter einem Baldachin aus einer elfenbeinfarbenen Tischdecke, die meine erste Schwiegermutter gehäkelt hatte.

2

»Ein Schatten gleitet durchs Mondlicht.
Seine Flügel machen kein Geräusch ...
Das Ohr, das der Eule lauscht,
glaubt an den Tod ...
Hin und her bewegt sich die Eule in der Nacht,
und die Nacht hält den Atem an.«

Randall Jarrell
The Bat Poet, 1963, 1964

Eine nächtliche Schleiereule sitzt weit oben in einem hohlen Baum und horcht; ein goldbrauner Vogel mit einem erstaunlich großen, weißen, herzförmigen Gesicht. In der Dunkelheit springt ihr frei beweglicher äußerer Zeh in eine andere Lage. Ihr körpereigenes Radarsystem hat ihr den Standort der Beute angezeigt. Gleich wird sie auf eine Maus, eine Spitzmaus, einen Maulwurf herabstürzen, wird ihre beweglichen Zehen zusammenziehen und das kleine Geschöpf schließlich im ganzen verschlingen. Eulen können nachts außergewöhnlich gut sehen; trotzdem ist die Schleiereule nicht auf diese Fähigkeit angewiesen, sie benutzt sie nicht einmal während ihrer nächtlichen Jagd nach Nahrung. *Tyto alba,* die Schleiereule, verläßt sich, um zu überleben, nur auf Geräusche.

Um ihre Beute, wie die Eule es tut, bei absoluter Dunkelheit ausfindig zu machen, ist sie mit mehr ausgestattet als nur einem scharfen Gehör. Die Schleiereule ist in der Lage, den feinen Unterschied zwischen den Geräuschen, die jedes ihrer beiden Ohren empfängt, wahrzunehmen und zu nutzen.

Ihr weithin bekannter Kopf (man hat das Vorkommen dieses kosmopolitischen Geschöpfs auf allen Kontinenten und vielen Inseln nachgewiesen) ist in zwei Parabolschirme aufgeteilt, zwei Flächen aus weichen, weißen Federn zu beiden Seiten eines ausgesprochen adlerartigen Schnabels. Eine Extraschicht aus samtigen Federn garantiert die vollkommene Geräuschlosigkeit ihres Flugs. Ihre Parabolschirme sind nicht zu sehen, ebensowenig wie die Ohren der Schleiereule, ihr geheimer Tonempfänger und Tonverstärkerapparat – all das ist hinter biegsamem Gefieder verborgen. Die Öffnung ihres rechten Ohrs ist darüber hinaus leicht nach oben und die ihres linken leicht nach unten ausgerichtet. Das zarte Trippeln von Mäusen oder das Graben von Maulwürfen – beides ein bloßes Flüstern in der Nacht – werden wahrgenommen und nach ihrer vertikalen und horizontalen Ausrichtung geortet. Die Botschaft wandert blitzschnell über den inneren Gehörgang der Eule in ihr Gehirn. Weitere Besonderheiten ihrer Kopfausstattung verfeinern noch ihren Ortungssinn. Sofort fliegt *Tyto* dann zu der wahrgenommenen Bewegung, hält auf das unsichtbare Geräusch zu und trifft ihre Beute mit tödlicher Sicherheit. *Tyto alba,* die gelegentlich auch fliegende Rattenfalle genannt wird, kann in ihrem bis zu zehnjährigen Leben an die 11 000 Nagetiere vertilgen.

Affen und Katzen besitzen bekanntlich ein ausgezeichnetes Gehör; als man sie jedoch auf horizontale Treffgenauigkeit prüfte, schnitten sie sehr viel schlechter ab als Schleiereulen. Vielleicht bezieht meine kleine Katze Sarah aus diesem Grunde ihren luftigen Posten, läßt sich hoch oben auf den Pfosten nieder und stürzt sich aus der Hocke auf die Wasserratten, die unter dem Kai umherhuschen. Ich beobachte sie. Ich horche. Mit einem einzigen knappen, eleganten Sprung, in einem einzigen kurzen, stummen Augenblick ist die Ratte tot. Ich sehe ihr offenes Maul, als Sarah nach ihr schnappt. Entläßt es ein letztes schwaches Quieken? Ich bin nicht sicher. Ich habe nichts gehört, auch nicht das leise Rascheln, als Sarah auf dem Tang landet, doch meine Erinnerung sagt mir, daß ein leichtes Rascheln stattfindet. Ich habe sie beobachtet, und ich weiß, daß die Ratte tot ist. Sarah hat mir ihr Geschenk jedoch noch nicht übergeben. Sie trägt das Tier zwischen ihren Zähnen, der lange Rattenschwanz schleift über die hölzernen Planken des Kais, und sie legt es vor meiner Schreibmaschine auf dem Boden ab.

Wie Untersuchungen belegen, können Menschen, wenn sie gezielt und bewußt hinhören, Geräusche auf dem Azimut (der Horizontalebene) ebensogut lokalisieren wie die Schleiereule. Wenn es aber um die exakte Ortung eines Geräusches in der Vertikalen geht, versagen wir schmählich. Um genau hören zu können, müssen wir Menschen deshalb, wenn wir Geräusche empfangen, gleichzeitig visuelle und verstandesmäßige Hinweise mitbenutzen. Anders als die Schleiereule sind wir in unserer Überlebensfähigkeit nicht nur auf Geräusche angewiesen. Wir verfügen über ein ungeahntes Ausmaß an Anpassungs- und Umlernfähigkeit. So sind hörgeschädigte und taube Menschen in der Lage zu »hören«, d. h. Hinweise wahrzunehmen, die auf das Vorhandensein von Geräusch deuten. Wir vermögen zuzuhören.

*

Zuhören ist ebenso ursprünglich wie der Mensch. In den urzeitlichen Wäldern der ersten menschlichen Lebewesen gab es keine Sprache, keine gesprochenen Symbole, die systematisch zu einem Ausdruck mit Bedeutung geordnet waren. Aber es gab Verständigung. Vor der Wissenschaft der Sprache, vor dem buchstäblichen Bindeglied der Sprache gab es das Zuhören.

Wörterbücher definieren das Wort »Zuhören« z. B. so: Akt, in dem das Ohr Aufmerksamkeit schenkt; aufmerksames Hören; jemandem oder etwas sein Ohr leihen; Versuch, das Geräusch zu erhaschen, das von irgend etwas ausgeht. Es scheint, als hätten wir mit der Sprache die Bedeutungsfelder jenes Wortes eingeschränkt, mit unmerklichen Folgen für das Leben von jedem von uns, an jedem Tag, in jedem Augenblick. Wir haben »Zuhören« in strikt auditiven Begriffen definiert.

Die ersten Menschen und andere frühe Arten von Lebewesen haben sich ohne artikulierte Sprache mit Bewegungen, Zeichen und Symbolen verständigt, die zusammen ein eigenständiges Vokabular bildeten – eine Methode, die immer noch von Tieren benutzt wird. Auf welche Weise hat meine Schwanenmutter ihrem Gefährten mitteilen können, er möge drei Tage lang auf dem letzten, unausgebrüteten Ei sitzen? Auf welche Weise hat sie zu ihm gesagt: »Ich habe wochenlang hier gesessen. Jetzt mußt du hierbleiben, während ich unseren Kleinen das Schwimmen beibringe.« Die Verständigung fand – und findet noch – über Aufmerksamkeit, über Beobachtung, über Warten statt.

Sind solche nichtsprachlichen Botschaften wirklich noch primitiv zu nennen? Zuhören wird heute als eine Kunst der Verständigung gelehrt, als eher aktive denn passive Erfahrung. Es wird als eine Fähigkeit begriffen, die man in Schulen, in staatlich geförderten Therapien oder, auf privatwirtschaftlicher Ebene, in Seminaren lernen kann. Vielleicht haben wir uns in unserer mechanisierten und computerisierten Welt so weit von unseren Anfängen entfernt, daß wir gar nicht mehr in der Lage sind, jene Art von Reaktionen zu erkennen oder zu äußern, die einst selbstverständlich und elementar waren.

In einem Essay mit dem Titel »Wie man an einer Konferenz teilnimmt«, schreibt der bekannte Linguist S. I. Hayakawa: »... Zuhören macht es erforderlich, daß man sich in seiner Vorstellung aktiv in die Lage der anderen Person versetzt und versucht, ein Bezugssystem zu begreifen, das anders ist als das eigene ...«

Das Leben ist kompliziert geworden. Wir können nicht mehr nur aufnehmen und reagieren. Werden die Anforderungen eines Gesprächs demnächst so vielfältig sein, daß sie unsere Bereitschaft zum Sprechen übersteigen? Vielleicht sehnen wir uns schon bald wieder nach den langvergangenen Tagen des unartikulierten Grunzens und der unhörbaren Geräusche, die, zusammen mit Körpergesten, Gedanken ausdrückten.

Oder vielleicht werden wir auch begreifen, daß Zuhören nicht einfach ein Kurs ist, für den man sich anmeldet, ein neuer Trick, der auf wundersame Weise unser privates und berufliches Leben verändert. Zuhören ereignet sich, wenn man sich Zeit nimmt zum Umherschauen, zum Schweigen an Abenden und zum Staunen an Morgenden. Zuhören heißt, aufmerksam sein, beobachten, geduldig auf den nächsten Verständigungshinweis warten. Und – wie jeder weiß, der sprech- oder hörbehindert ist – Zuhören meint nicht immer eine akustische Verständigung.

Wie aber sollen wir das Wort »Zuhören« neu so definieren, daß auch all jene interaktiven Phänomene mitbedacht werden, die eine Rolle spielen, wenn eine taube oder hörbehinderte Person mit Freunden spricht, wenn sie allein am Strand spazierengeht, kurz: wenn sie ihren Platz in der Welt einnimmt, an jedem beliebigen Tag? Den Ohren eines solchen Menschen entgeht vieles. Und das Wunder, das der menschliche Körper darstellt, besteht darin, daß er willens ist, sich über den Abgrund zu schwingen. Wenn die akustischen Energien der Erde nur als ein Flüstern empfangen werden oder vielleicht sogar überhaupt nicht mehr, dann schärfen sich alle anderen Sinne und suchen nach Deutungshinweisen, von denen wir in der Hast unseres Lebens vergessen haben, daß es sie überhaupt gibt. Das Zuhören verlegt sich aufs Sehen, aufs Tasten, auf Eingebungen.

Zuhören meint ... vielleicht ... nichts anderes als einen aufmerksamen Verstand ...

3

»Es gibt die Strände noch:
für das Gedächtnis geht nichts je wirklich verloren.«

Eudora Welty
One Writer's Beginnings, 1983, 1984

Wenn wir über Hören und Zuhören nachdenken, so denken wir unwillkürlich an das Ohr. Wenn ich bewußt versuche, die Bedeutung eines bestimmten Geräuschs zu erfassen, dann wendet sich mein reagierender Verstand – die kollektive Erinnerung daran, wie Geräusche sich mitteilen – an die aufgenommene Sinnesempfindung. Fast ohne daß ich es merke, beugt sich mein Körper in die Richtung dessen, was ich zu erfassen versuche, und verschafft so jenen Fleischlappen zu beiden Seiten meines Kopfes, den äußeren Ohren, die beste Möglichkeit, ihre einzigartige Aufgabe zu erfüllen – sie sammeln die Schwingungen ein, die die Luft um mich herum bewegen. Und trotzdem garantiert das Sammeln dieser Schwingungen noch nicht ein verstandesmäßiges Erfassen dessen, was da geschieht.

Beim ordentlichen Gang der Dinge, wenn alle Einzelteile des Ohrs in vollkommenem Einklang miteinander stehen, sammelt das äußere Ohr das Volltönende und Gedämpfte des Lebens ein. In all seinen feineren Besonderheiten – den Seufzern des Windes, dem Zirpen der Grillen, dem Summen der Insekten – und all seinen Belästigungen wie dem hohen Jaulen eines Krankenwagens oder dem Kreischen einer Motorsäge.

Eingefangen werden auch die Myriaden musikalischer Töne, aus denen eine menschliche Unterhaltung besteht. Sie stoßen gegen die Luft und setzen Moleküle in Bewegung.

Die bewegten Moleküle werden zu Tonwellen, die vom äußeren Ohr zum Trommelfell transportiert werden und es in Schwingung versetzen.

Auf der anderen Seite des Trommelfells befindet sich eine schmale, luftgefüllte Kammer, das Mittelohr. Drei winzige Knochen mit phantasievollen Namen nehmen die Bewegungen des Trommelfells auf, verstärken sie und leiten sie durch die Mittelohrhöhle. Die Schwingungen dieser Knöchelchen – dem Malleus (Hammer), dem Incus (Amboß) und dem Stapes (Steigbügel) – landen in der Cochlea (Schnecke), einer mit Flüssigkeit gefüllten, schneckenförmigen Kammer im inneren Ohr. Jetzt ist die Identifizierung des Geräuschs möglich. Das innere Ohr, das eigentliche Nervenzentrum des Gehörs, ist der Ort, an dem das Geräusch für die Übertragung ins Gehirn vorbereitet wird.

Im Labyrinth des inneren Ohrs werden die Tonwellen, die die Schnecke erreicht haben, von mikroskopisch feinen Rezeptoren aufgenommen, den in vier Reihen angeordneten 30000 Haarzellen. Sie biegen sich mit den empfangenen Schwingungen und übertragen so die Impulse auf Nervenstränge, die zusammen den Hörnerv bilden. Erst wenn der Hörnerv die Botschaft dem Gehirn überbringt, entsteht die *Vorstellung* von einem gehörten Geräusch. Jetzt sagt das Gehirn: Aha! Ich erkenne das Seufzen des Windes ... Ich erkenne das Zirpen der Grillen ... Ich erkenne die geflüsterten Worte einer geliebten menschlichen Stimme. All dies ereignet sich innerhalb von Sekunden.

Die Struktur des Ohrs ist ein vor langer, langer Zeit entstandenes Wunder und wurde vor jeder modernen technischen Erfindung ersonnen. Wenn es allerdings um die Reparatur seines hochempfindlichen Zusammenwirkens geht, müssen wir uns mit vergleichsweise groben chirurgischen Methoden begnügen.

Wenn man dabei ist, sein Gehör zu verlieren, ist man weder eine hörende noch eine taube Person. Für Hörgeschädigte gibt es den nebligen Ort dazwischen. Es erreichen uns Geräusche, die wir nicht bestimmen können. Wir merken vielleicht, daß jemand spricht, daß da in der Nähe eine oder mehrere Stimmen sind, aber wir sind nicht in der Lage, mehr als hier und da ein Wort zu entziffern. Wir sind uns oft auch nicht sicher, aus welcher Richtung das Geräusch kommt, das wir »fühlen«. Irgend etwas in unserem Kopf funktioniert einfach nicht ..., und das ist nicht unser Denkvermögen. Es kann durchaus auf seine fein abgestimmte Weise mit der empfangenen Information arbeiten. Das Problem besteht vielmehr darin, daß nicht alle Informationen, die unser äußeres Ohr sammelt, drinnen auch empfangen werden. An irgendeiner Stelle bleibt die Botschaft stecken und wird nicht zum allerletzten Empfänger und Deuter weitergeleitet: dem Gehirn.

Wenn wir an unsere Ohren denken, haben wir meistens jene äußeren knorpeligen Lappen im Sinn, die manchmal eng am Kopf anliegen und manchmal groß und weit abstehen. Diese äußeren Teile unserer Anatomie sind in Wirklichkeit nahezu gänzlich überflüssig. Sie sind Anhängsel, die von unseren frühesten Vorfahren her genetisch und entwicklungsgeschichtlich zu uns gehören.

Vor undenklichen Zeiten nämlich, lange bevor wir lernten, auf dem Festland zu leben, waren wir Fische, Geschöpfe der Sümpfe und der Meere. Zu jener Zeit nahmen unsere Kiemen die Laute auf, die durch unsere Wasserwelt übertragen wurden. Das war vor vielleicht 260 Millionen Jahren ..., in unserer Verstandeswelt längst nur noch Geschichte ..., in unserer Körperwelt aber immer noch ein Faktum.

Als unsere ersten Vorfahren sich auf dem Land einzurichten begannen, als sie anfingen, Sauerstoff aus der Luft aufzunehmen, änderten die Kiemen ihre Gestalt und wurden zu unserem äußeren und dem Mittelohr. Kiemen können keine Geräusche empfangen. Fische nehmen Laute über ihren ausgeprägten Gleichgewichtssinn wahr. Jeder Fischer kann einem erzählen, daß Lärm über dem Wasser die stummen Schwimmer unter der Oberfläche nicht beunruhigt. Nur Veränderungen im Wasser selbst – ein Aufklatschen oder eine anschwellende Dünung – veranlassen die Fische zu Wachsamkeit. Sie spüren die Bewegung des Wassers in dem Teil ihrer Kiemen, der das Gleichgewicht regelt.

Es ist schon bemerkenswert, daß unsere Hörfähigkeit immer noch von der Wasserwelt bestimmt wird, denn Laute, die von der Luft befördert werden, müssen zuerst das mit Flüssigkeit gefüllte innere Ohr passieren und dort erkannt werden, bevor sie zu Nervenimpulsen weitertransportiert werden, die die Störung als »Laut« erkennen. Wenn man also seine äuße ren Ohren verliert, so betrifft das nur die visuelle Vorstellung davon, wie ein Mensch auszusehen hat. Auf die Hörfähigkeit wirkt sich der Verlust nicht aus.

Wann beginnt Hören? Wann findet die Wahrnehmung akustischer Phänomene statt, mit ihrer ganzen Bandbreite von Stille oder Lärm, Summen oder Tumult, Klangfarbe und Tonfall? Wann beginnt ein Mensch zuzuhören?

Am achtundzwanzigsten Tag nach der Empfängnis bildet sich im menschlichen Embryo die Ohrkapsel. Ihre äußere Form und der innere Hohlraum haben schon vor der Geburt erwachsenes Ausmaß. Ganz am Anfang treten sogar an beiden Seiten des Kopfes rudimentäre Kiemen auf, Zeugnisse dafür, daß unser allererster Ursprung, unsere ältesten Vorfahren, Wassergeschöpfe waren.

In der siebten Woche beginnen die mittleren Kammern

in den Ohren des Embryos zu arbeiten. Der interessanteste Aspekt dieser Entwicklung besteht darin, daß von nun an ein Stabilitätssinn zum menschlichen Wesen gehört. Der Embryo kann sich jetzt im Mutterleib selbst ausbalancieren. Das innere Ohr verständigt sich mit Vorrichtungen, die das ganze Leben lang für unser Gleichgewicht sorgen. Dieses Ereignis zwischen der siebten und achten Woche nach der Befruchtung des Eis ist ein Zufallsgeschenk unserer ererbten Vergangenheit. Für die frühen Lebewesen im Wasser war der Gleichgewichtssinn wichtiger als das Gehör, und für Fische ist er es heute noch. Die Wahrnehmung von Geräuschen entwickelte sich – genau wie beim ungeborenen Kind – zu einem späteren Zeitpunkt der Evolution.

In der zwölften Lebenswoche des Embryos bilden sich die Hörnervenenden im inneren Ohr. Die primitiven Kiemen formen sich nun allmählich zum äußeren und zum Mittelohr um, den Empfängern von Geräuschen und ihren Übermittlern zu den hochempfindlichen Vorrichtungen in den Labyrinthen und Kanälen des inneren Ohrs. Die schneckenförmige Cochlea mit ihren winzigen Windungen und Haarfollikeln bildet sich im fünften Schwangerschaftsmonat voll aus. Jedoch ... Hören findet noch nicht statt.

Die Wahrnehmung und Deutung von Lauten geschehen beim Embryo erst, wenn der Fötus die wunderbaren, Jahrmillionen dauernden Veränderungen früher Lebensformen selbst noch einmal durchlebt hat. Innerhalb von neun Monaten fliegt die Gestalt des Embryos durch die Zeit und durch einen unvorstellbaren Raum und paßt sich dabei auf wunderbare Weise den modernen Bedürfnissen an – und das, während sie, genau wie unsere prähistorischen Vorfahren, in einer flüssigen Welt lebt. Das entstehende Kind durchläuft in Kurzform all unsere ausprobierten Lebensformen und beginnt dabei mit dem Einzellerdasein von vor vielen Millionen Jahren.

Im siebten Monat des Noch-nicht-draußen-Lebens steht der gesamte menschliche Hörapparat zum Empfang, zur Weiterleitung und zur Erkennung von Geräuschen bereit.

Inzwischen gibt es immer mehr Belege dafür, daß sich die akustischen Rezeptoren eines normalen Ungeborenen stimulieren lassen. Die Geräuschstimuli wandern durch die Mutter und weiter durch die Membran und die Flüssigkeit, die den Fötus umgeben.

Neueste Untersuchungen haben ergeben, daß Geräuschstimuli ab dem siebten Monat mit Blinzeln beantwortet werden können. Das schwimmende Kind kann seine Aufmerksamkeit sogar gezielt einsetzen und Geräusche ausblenden, die es in ihrer Eintönigkeit als lästig oder als beunruhigend empfindet. Drei Monate, bevor es die Wasserwelt verläßt, hört ein menschliches Wesen zu.

Weiß der werdende Mensch während der Augenblicke, in denen er Geräusche wahrnimmt, wem oder was er da zuhört? Wahrscheinlich nicht ..., aber das hochentwickelte Nervensystem des sieben Monate alten menschlichen Fötus kann durch Angenehmes oder Unangenehmes beeinflußt werden. Der Fötus kann unterscheiden zwischen dem, was ihm in seiner friedlichen Umgebung zusagt, und dem, was ihn als Lärm stört – manchmal kann er sich sogar daran erinnern. Die Empfindlichkeit des Ohrs für winzige Unterschiede in der Höhe oder Stärke von Lauten verleiht ihm ein äußerst feines Unterscheidungsvermögen. Lautstärke, Klangfarbe, Hall, Schwingungen, ein Trompetenstoß, ein kaum hörbares Murmeln, all das wird vom Ohr aufgenommen und in das Geschehen des unmittelbar umgebenden Lebens übersetzt.

Kürzlich wurde ein Experiment unternommen, bei dem schwangere Mütter ihren ungeborenen Kindern laut Märchen und Kindergeschichten vorlasen. Nach der Geburt lasen die Mütter und Väter den Säuglingen dieselben Geschichten wieder vor. Die Kinder reagierten ausnahmslos auf das Vorlesen ihrer Mütter und blieben offensichtlich unberührt von den Stimmen ihrer Väter oder sonstiger Personen.

Hat jedes Kind die Stimme seiner Mutter erkannt? Haben sie in jener anderen Welt zugehört? Oder sind die Tonwellen der mütterlichen Stimme ihr Rückgrat entlanggewandert und haben irgendwie einen Widerhall und später ein Wiedererkennen ausgelöst? Die einzige Schlußfolgerung, die zur Zeit möglich ist, lautet: irgendeine Verknüpfung, irgendein entscheidendes Wiedererkennen hat stattgefunden. Es handelte sich nicht um eine Ablehnung des Vaters, sondern vielmehr um eine Reaktion auf etwas Vertrautes.

Der Direktor des Huntington Hearing and Speech Center (New York), Dr. Harvey J. Garner, beschreibt das Wesen des Zuhörens so: » ... ein Zustand, bei dem man nicht weiß, daß man zuhört ... man ist spontan, sich seiner selbst nicht bewußt ... es ist eine Form von Ichverlust, bei dem es keine Barriere zwischen einem selbst und jemandem anders mehr gibt.«

Vielleicht waren wir im vorgeburtlichen Zustand absolute Zuhörer, da wir kein Ich zu verlieren hatten. Und so konnten wir am Anfang Botschaften auf Tonwellen reisen lassen, ohne daß sie durch Vorurteile gehindert wurden, die sich in unseren erwachsenen Köpfen unweigerlich bilden.

Hören wir nur dann wirklich zu, wenn wir uns dazu bereit finden, ohne jede Beurteilung das zu akzeptieren, was ein anderer sagt? Und ... ist das überhaupt möglich? Wir wissen, daß ein sieben Monate altes Fast-Kind unangenehme Geräusche ablehnt. Es hat also ein Wiedererkennen von Vergnügen und Schmerz stattgefunden – eine Unterscheidung zwischen Lärm und anderen Geräuschen. Schon in unserer frühesten Umgebung – so behütet, wie dieses behagliche, sichere Meer auch ist – verleihen wir einem Ich Ausdruck, bekunden die Neigungen eines individuellen Willens.

Wir kommen als Urteilende auf die Welt und teilen uns selbst während unseres ersten Augenblicks im unbegrenzten Raum in wortloser Sprache lautstark durch einen Schrei mit. Ist dieser Schrei ein Laut, der Trauer oder Freude ausdrückt, Kummer oder Zufriedenheit, Ärger oder Entzücken? Oder ist er, wie manche meinen, nichts anderes als eine Erprobung der Lungen in jenem Medium, das der Säugling bis dahin nicht kannte – der Luft?

Wie werden wir das je wissen? Bis heute hat noch niemand über diese seine erste Äußerung geschrieben. Niemand hat uns die Bedeutung jener ersten stimmlichen Äußerung erklärt, des Geburtsschreis.

4

»Es geschieht allzu leicht, daß man Sprache, seine eigene Sprache, für selbstverständlich hält – vielleicht muß man erst einer anderen Sprache begegnen oder, besser noch, einer anderen Art von Sprache, um das Wunder zu sehen und wieder staunen zu können.«

Oliver Sacks
Stumme Stimmen. Reise in die Welt der Gehörlosen, 1992

Zuerst einmal brauchen wir Sprache – Bilder zum Transport des Wissens und der Informationen, die unser Bewußtsein aufgenommen hat. Wir brauchen etwas, das die Botschaften in Verständlichkeit übersetzt, in ein begriffliches Medium, das die empfangenen Mitteilungen klärt und entziffert. Wir brauchen das, was wahlweise definiert wird als »jener Aspekt menschlichen Verhaltens, der sowohl die Benutzung von Klanglauten in sinnvollen Zusammenstellungen beinhaltet sowie, wenn vorhanden, auch entsprechende schriftliche Symbole, die Gedanken und Gefühle bündeln, ausdrücken und verständlich weitergeben«, als »... jede Art der Mitteilung von Ideen mittels eines Systems von Zeichen, Symbolen, Gesten oder ähnlichem ...« oder als »... die Übertragung von Meinung, Gefühl oder Absicht ... die Art und Weise sowie die Mittel der Verständigung zwischen lebendigen Geschöpfen ...«

Wir brauchen Sprache.

Sprache umfaßt weit mehr als nur Wörter. Sie beginnt mit den Etiketten, den Lauten, den Namen für Dinge; mit dem individuellen Erkennen von Menschen, Gegenständen, Vorstellungen, Ereignissen und von absolut schmucklosen Buchstabenkombinationen, die beim Lesen oder Hören in unserem Kopf etwas antippen, was wir irgendwann in unserem Leben gelernt haben. Wir sehen oder hören *Stuhl, Bett, Haus, Mann, Frau, Baby,* und wir wissen sofort, was diese Buchstabenkombination bedeutet, selbst wenn die Verästelungen des Wortes bzw. seine möglichen Bedeutungen unendlich vielfältig sind. Mögen Stuhl, Bett, Haus, Mann, Frau, Baby in der ästhetischen Vorstellung und in ihrer jeweiligen zufälligen Gestalt auch noch so uneinheitlich sein, so wissen wir dennoch, was jemand anderes meint, wenn er diese Wörter benutzt. Wir können verstehen.

Nach der Etikettierung, die zur Verallgemeinerung neigt, haben wir das Bedürfnis, Besonderheiten mitzuteilen, dem Stuhl, dem Haus, dem Baby ihre spezifische Dimension zu verleihen. Die beschreibende Sprache aus Wörtern und Gesten macht Farbe und Intensität, Wesensverwandtschaften und Abneigungen erfahrbar, sie gibt Hinweise auf etwas, was zu lesen oder zu empfangen ist, und sie teilt Eindrücke mit, die blitzschnell ein Echo in unserem Gedächtnis auslösen und, bereichert um jenes Vorwissen, von dort wieder in die Gegenwart zurückkehren. Wir können verstehen.

Wenn wir also zuhören ..., wenn wir wirklich zuhören ..., dann hören wir nicht nur einfach. Hören meint schließlich nur den Akt des Empfangens, das Wiedererkennen von Geräuschen durch das Gehirn, also etwas, was ohne den persönlichen Willen stattfindet, solange unsere mechanische Hörfähigkeit nicht beschädigt oder zeitweise unterbunden ist – sei es durch Ohrstöpsel, durch Kummer oder durch äußerste Konzentration, die die Sinne ausschaltet. Zuhören ereignet sich, wenn wir aufmerksam sind, wenn wir uns wissentlich dazu entscheiden, eine irgendwie geartete Botschaft der Erde zu empfangen *und zu verstehen.* Zuhören ist ein bewußter Akt.

Es scheint so einfach zu sein ..., wir besitzen eine Sprache mit so vielen Nuancierungen, daß sie immer dickleibigere Lexika produziert ...

Wir besitzen ein Erkenntnisvermögen, das es uns gestattet, den Mond zu berühren ...

Und dennoch können wir häufig weder einander noch die Welt um uns herum berühren ...

Wir haben vergessen, wie man zuhört ...

*

Die Mathematik durchpulst unser sprachliches Leben und verleiht der Wirklichkeit eine sichtbare oder vorstellbare Form, indem sie Gedanken und Ideen mit ungeahnten Meßsystemen verbindet. Wir versehen die Wirklichkeit mit der geraden Linie, die aufwärts und abwärts, querdurch oder mitten hinein verlaufen kann. Es gibt Höhe, Breite und Tiefe, die dreidimensionale Ausdehnung eines Körpers, der ins Verhältnis zu einer Bezugsgröße gesetzt wird, was wiederum Auskunft über seine Größe, seine Kleinheit oder sein Fassungsvermögen in Form von Volumen gibt. Manchmal gibt es noch die vierte Dimension, die Zeit, die den vermessenen Gegenstand in ein Gestern oder Morgen stellt.

Auch Ideen und Vorstellungen besitzen Proportionen; ihr Inhalt und Durchmesser, ihre Reichweite, ihr Spielraum, ihre Anwendungsmöglichkeiten lassen sich ebenfalls vermessen, wenn auch in einer anderen Raumsphäre. Höhe, Weite und Tiefe nehmen in der Welt der Gedanken, der Bilder, der Vorstellungen eine andere Bedeutung an. Ihre konkrete Manifestation, die Sprache, ist das Werkzeug, das dem Denken Gestalt und Charakter verleiht und damit eine Wirklichkeit, die ihren Ort nicht im physikalischen Raum hat.

Damit sind wir wieder bei der Mathematik. Wie läßt sich etwas quantifizieren, das man nicht anfassen kann; etwas, das man nicht über taktile oder visuelle Eindrücke erfahren kann? Wie lassen sich Abstrakta wie Hören, Zuhören, Verständnis, Aufmerksamkeit bestimmen? Wie kann man Vorstellungen zahlenmäßig abstufen oder ihren Verinnerlichungsanteil prozentual erfassen, wenn zu ihnen diverse Wortetiketten gehören, die ihrerseits verschiedenste Bedeutungen beinhalten? Wir brauchen Definitionen und Ergänzungen, die die wesentlichen Möglichkeiten einer Idee als Gesamtheit in ihre je konkreten Einzelaspekte zerlegen.

Wir könnten mit der Musik beginnen, einer vermessenen Gegenwärtigkeit, die in der vierten Dimension, der Zeit, registriert wird. Eigentlich ist Musik nicht von dieser Welt. Es ist die Sprache der Musik, die den Tönen ihre Formwirklichkeit verleiht und den bloßen Lärm, der auf Wellen reitet (manchmal allerdings handelt es sich auch wirklich nur um solchen), zu etwas intellektuell Durchdringbarem macht. Die Mathematik verleiht der Musik Gestalt, seit Mitte des siebzehnten Jahrhunderts erschafft sie ihre Sprache.

Wir nennen eine Reihe von Noten innerhalb eines bestimmten Zeitraums, von einer starken Betonung bis zur nächsten, einen Takt. Er ist ein Standardzeitmaß zwischen zwei Taktstrichen auf dem Notenpapier. Diese Zeiteinheit, die schriftlich fixiert ist, soll vielleicht eine oder zwei oder nur eine halbe Sekunde dauern. Die Zeitangaben bei gedruckten Noten geben Aufschluß über das, was der Komponist bei seinem schöpferischen Rückzug gehört hat – in jenen Momenten, in denen neues Denken beginnt.

In einem musikalischen oder auch einem lyrischen Takt können wir ein kurzes Thema hören, eine rhythmisierte

Bewegung. Deshalb kann ein tauber Musiker eine Partitur lesen, er »hört« mit dem inneren Ohr früherer Erfahrungen die Töne, die ihn nicht erreichen. Gabriel Urbain Fauré hat – lange nachdem er den Klang nicht mehr hören konnte – weiter seine Kirchen- und Kammermusik komponiert. Und der verehrte Ludwig (van Beethoven), der gerne »Tondichter« genannt werden wollte, erreichte in seinen fünf letzten Quartetten eine äußerste melodische und kompositorische Kraft, auch wenn er seine eigene Musik nicht mehr hören konnte. Sein Vorstellungsvermögen überwand die Taubheit, und er konnte den Noten, die er zu Papier brachte, »zuhören«. Die Aufführung fand im Kopf statt und war dennoch real. Denn Musik ist Geräusch, das in Kunst verwandelt ist; Geräusch, das in eine Struktur aus Zeit und Intensität, aus Tiefe und Farbe gebracht ist, mit willkürlichen Variationen innerhalb eines bestimmten Zeitrahmens, die die Gefühle und die Gedanken des Künstlers ausdrücken.

In der Erinnerung kann ich die leisen, zarten Töne eines Nocturnes von Chopin, die Eröffnungsgedanken jeder Beethoven-Sonate oder den Kontrapunkt einer Bach-Fuge mit ihren auf komplizierte Weise ineinander verwobenen Stimmen hören. Jede der Formen ist von mathematischer Präzision, und innerhalb dieser jeweiligen Form hat der Musiker die Gefühlsqualitäten einer bestimmten Anzahl von Tönen wieder neu erschaffen. Töne sind eine Sprache wie jede andere. (Im Englischen haben wir mit sechsundzwanzig Buchstaben über eine Million Wörter erfunden.)

In Wirklichkeit höre ich heute kaum noch etwas von den Klängen eines Nocturnes, einer Sonate oder einer Fuge. Aber ich kann die Melodien in der Luft sehen, ich sehe, wie sie den unsichtbaren Äther in Bewegung versetzen. Die Schwingungen werden von meinem äußeren Ohr erfaßt, die Wellen wandern zu meinem Trommelfell, und dann ..., dann ist da eine Unterbrechung. Trotzdem spricht der ferne Musiker, vielleicht ein tauber Fauré oder Beethoven, über die Zeiten hinweg zu einer hörgeschädigten »Zuhörerin«. Wenn ich eine Partitur lese oder mich erinnere, dann weiß ich um die Traurigkeiten, das Glück, um all die Empfindungen, die ein Stück erzeugt. Ich bin über Sprache mit dem Musiker und seinem Werk verbunden.

Ich höre zu.

*

»Wir hören Bach gebannt zu, weil wir einem menschlichen Verstand zuhören.«
Lewis Thomas, The Medusa and the Snail, 1979

Über die Hindernisse schlechter Verknüpfungen hinweg, die die Lautstärke für mich reduzieren und alle einst vertrauten Geräusche zu etwas Unbestimmtem verschwimmen lassen, und gegen das Immergleiche von allzu vielem Schweigen suche ich nach Sprache.

Ich finde sie überall.

Alle Sprachen haben ein Bestreben: die Verständigung. Eine Sprache versucht in Ausdruckssymbolen individuelles Verhalten, Denken, Fühlen und Sehnen einzufangen. Es gibt geschriebene und ungeschriebene Sprachen, einige besitzen viele Wortsymbole, andere nur wenige, die durch Gesten ergänzt und dadurch so eindeutig in ihrer Aussage werden, daß sie dasselbe Ziel erreichen wie jene mit Tausenden von begrifflichen Abschattierungen.

Die Mathematik der musikalischen Notation überträgt Töne in geschriebene Sprache. Kann diese geschriebene Sprache auch das *Gefühl* der Töne mitteilen? Oder die ganz besondere Absicht des Komponisten? Oder die verschiedenen

Vorstellungen von der Themabehandlung, wie die Instrumente der Musiker sie wiedergeben? Können Zeichen auf dem Papier lebendig werden, können sie die Luft bewegen, die Luftmoleküle zu Gruppen ordnen, so daß unsere Sinne hellhörig werden? Können die Schwingungen die kinetische Energie für mögliche emotionale und intellektuelle Reaktionen entfachen, wenn wir diese Zeichen nicht hören können? Vielleicht.

Die akustische Wirkung der Musik auf das Gehirn hat jetzt auf neue Weise das Interesse der Wissenschaft geweckt. Musik wurde lange Zeit als eine Sprache der Empfindungen angesehen, als künstlerische Übersetzung eines physikalischen Phänomens – der Gefühle. Nun begeistert die Forscher die Reaktion des Gehirns auf normale Tonintervalle, auf Tempo und Rhythmus. Man hat Zuhörer auf die Veränderung ihres Herzschlags und auf andere körperliche Indikatoren bei Gefühlsreaktionen getestet. Die jüngere Forschung hat die verschiedenen Ebenen menschlicher Reaktionen mit einem Radio verglichen, das getrennte Regler für Lautstärke und Klangfarbe hat; Gefühlsreaktionen finden auf zwei voneinander unabhängigen Ebenen statt – Qualität und Intensität einer Empfindung werden gesondert ausgedrückt.

Ein Bericht über diese Forschungen lädt uns zu der Vorstellung ein, daß Zuhörer innere Landkarten besitzen, Nebenstraßen zum Bekannten. Beethoven konnte auf ein leeres Stück Papier die ungeheuerlichen Anfangstöne seiner neunten Symphonie kritzeln. Ein Mensch mit eingeschränktem Hörvermögen könnte diese Seite lesen und sich vielleicht an das erinnern, was einst vertraute Töne waren ..., die ergreifenden und erhabenen Augenblicke jener wenigen ersten Noten.

Wäre dieses Gefühl genauso wie die ursprüngliche Empfindung? Kann die Erinnerung uns ebenso ergreifen wie solche akustischen Augenblicke?

Vergleiche dieser zwei Zuhörsysteme sind noch nicht unternommen worden. Hörgeschädigte Zuhörer stellen – je nach Ausmaß ihrer Behinderung – beim Hören von Musik häufig große Löcher fest. Manchmal höre ich mir Aufnahmen von Chopins Nocturnes an und versuche die plötzlichen Schweigelöcher auszufüllen, indem ich mir die Partitur vor Augen rufe, meine Finger auf eine imaginäre Tastatur lege und sie die Melodien aufspüren lasse, die ich früher selber gespielt habe, lyrische Passagen, die ich früher genau kannte, die ich einst hören konnte. Das ist eine interessante geistige Übung, aber auch eine, die mich meist mit einer Traurigkeit erfüllt hat, die größer war als der Reichtum der wiedererinnerten Musik.

Eines Abends hatte eine Freundin eine wunderbare Eingebung. Sie ließ die Musik durch die Zauberkraft der Sprache wieder zu mir zurückkehren und erinnerte mich so daran, daß es viele Weisen des Zuhörens gibt. Sie besuchte ein Freiluftkonzert im Garten eines Planetariums und hielt beim Zuhören Papier und Bleistift bereit:

»Bach-Konzert.

Ich höre für dich.

Klang eines Konzertflügels.

Der Filzhammer schlägt gegen die Saite, und der Ton wird entlassen.

Der Ton hallt wider in dem auf vollkommene Weise gekrümmten Holzkörper und entläßt die wunderschöne Tonfolge ... das herrliche Gefühl und die Schönheit der Musik an einem klaren, stillen Sommerabend.

Die Geigen und Baßgeigen bilden den Hintergrund für das Klavier ... Zwischendurch gibt es eine lange Schweigepause. Das Schweigen ist genauso wichtig wie die Töne, und dann beginnt die Musik wieder mit dem weichen Strich warmer Violinen.

Düstere, tiefe Töne sind tief innen im Ohr und im Körper zu spüren.

Helle, leichte Pianoklänge mischen sich Note um Note unter die Melodie und treiben ihr Spiel mit den Tönen. Die Pianotöne sind präzise und klar. Die Streicher spielen weich im Hintergrund.

Die Klaviertöne steigen auf, stürzen in Kaskaden herab und verstummen, als die gedämpften Geigen ein Weilchen spielen und sich dann mit dem Klavier zusammentun. Die Töne eilen die Tasten auf und ab. Gleitende Finger verleihen dem Augenblick Fröhlichkeit.

Die Musik steigert sich und schwillt zu voller Lautstärke an, dann spiegelt sie den Anfang in umgekehrter Reihenfolge und fällt in Kaskaden wieder herab.

Und endet in klaren Stakkatotönen des Klaviers.

Ein kleines Flugzeug überfliegt uns.

Der Pilot hat keine Ahnung, was für eine Schönheit von Klängen er da leicht gestört, was für eine wundervolle Musik er verpaßt hat.«*

An einem anderen Abend hielt Joan ein Konzert anderer Art für mich fest:

»Die angenehmen, entspannenden Klänge an einem warmen Augustabend stammen von den Grillen und Zikaden, die miteinander harmonische Konzerte mit ihren Beinen geben. Das Zirpen der Grillen klingt hoch, das der Zikaden tief, so als seien die Saiten nicht genügend geharzt.

Welche Töne und welches Tempo jede einzelne von ihnen auch wählen mag, gemeinsam wird alles zum harmonischen Gesang der Sommernacht.«**

Der Komponist Gustav Mahler hat einmal gesagt: »Die Par-

* Joan Coller, © 1985

** Joan Coller, © 1985

titur ist nicht das Wichtigste in der Musik.« Die Sprache der Musik ist so subjektiv, daß ihre Absichten auf viele Weisen mitgeteilt werden können.

Die Worte, die Joan benutzt hat, um die zwei Konzerte zu beschreiben, erzeugen eine heftigere gefühlsmäßige Anteilnahme an den Geschehnissen als das Lesen einer Partitur. Selbstverständlich hat diese Art der Beschreibung etwas Unwissenschaftliches. Ich habe noch nie die Partitur für ein Zikaden- oder Grillenkonzert gelesen.

5

»Er zuckt die Schultern. ›Ich höre zu‹ ... sagt
sie ... ›Du hörst zu, aber du hörst nicht!‹
Er unterscheidet, so wie die Chinesen es tun,
zwischen Bemühen und Ergebnis ...
Man hört zu ..., warum sollte ein Mensch, der
zuhört, nicht hören? Was im Englischen für
selbstverständlich gehalten wird ..., wird im
Chinesischen sorgfältig auseinandergehalten ...
Ting de jian heißt in Mandarin ›Man hört zu
und hört‹. Ting bu jian heißt ›Man hört zu,
hört aber nicht‹ ... Da spricht eine alte Kultur.
Überall gibt es Grenzen ...«

Gish Jen
Typical American, 1991

Manchmal ist der Weg nach Taub-Land unübersichtlich und windet sich gemächlich dahin, bis zu jenem mystischen Ort, der alles andere als ein Mythos ist. Das Wetter dort ist neblig und dämpft den Schock darüber, daß wir angekommen sind. O ja, dieser Ort ist real, und den Neuankömmlingen erscheint er anfangs wie eine abgelegene Insel. Es gibt keine Wegweiser, keine Pfeile für gelegentliche Besucher, keine Landkarten. Es ist tatsächlich sehr schwierig, die Taub-Insel und die Menschen, die dort leben, zu finden. Wir sind unsichtbar – ebenso wie unsere Welt.

Ich merkte, wie die Welt leiser wurde ... eine neue Stille, eine Lautlosigkeit begann die Ecken und Kanten meines manchmal recht schrillen Lebens zu glätten. Das Begreifen fand nicht in einem einzigen erschreckenden Akt der Offenbarung statt. Nein, es war eher eine Art verwunderter Überraschung, mit der ich nach und nach das wachsende Verstummen um mich her wahrnahm, ohne allerdings auch nur im entferntesten die niederschmetternde Wahrheit zu ahnen: Nur *meine* Welt wurde leiser. Ich war dabei, taub zu werden.

Wenn wir an Dinge gewöhnt sind, wenn uns ihre Gegenwart vertraut ist, hören wir oft auf, sie zu sehen. Oder sie zu hören. Und die Stille war etwas, an das ich mich allmählich gewöhnte, ein Reich, in das ich mich früher gerne vor einer großen, lauten Familie zurückgezogen hatte. Nun kam die Stille ungebeten, sachte, unmerklich; sie schlich sich ein und blieb bei mir. Ich bemerkte das Fehlen von Dingen. Mein Minihaus versank in jener Stille, die mitten in einem Sturm eintritt, wenn der Strom ausfällt. Wir hören das Brummen der Heizung oder das Surren des Kühlschranks nie wirklich. Die Maschinen, die uns umgeben, registriert unser Kopf nie als etwas Gehörtes. All dieses friedliche Gemurmel, das so sehr Teil unserer Wohnungen ist, nehmen wir erst wahr, wenn es aufhört. Wir horchen nie auf jene Geräusche. Dann unterbricht plötzlich ein heftiger Sommersturm oder ein wütender Winterorkan den Strom, und wir sind in feierlicher Stille eingeschlossen. Kein Lärm war jemals so laut.

Und genau so war es vor mehr als zwanzig Jahren, als ich mich in mein eisiges Mietferienhäuschen-mit-herrlicher-Aussicht einkuschelte. Da schien es mir, als lasse das tosende Geräusch der Winterwinde nach. Oben auf dem Berg konnte ich von meinen Fenstern aus sehen, wie die stürmischen Böen des Nordostwindes die Wellen zu Schaum aufschlugen, die Äste niederbogen und das tote Herbstlaub aufwirbelten. Und es kam mir der Gedanke: Wenn ich nicht ans Fenster gegangen wäre, hätte ich nicht einmal gewußt, daß draußen ein Sturm tobte.

*

... Monate später spazierte ich an einem windgeschüttelten, eisigen Januarnachmittag über einen halbgefrorenen Strand, und ein Wunder bewegte mich (ein Wunder, das nicht gerade schrecklich lange dauern sollte, aber mir bleibt immer noch die Luft weg, wenn ich daran denke). Ich trug meine neu erworbenen Hörgeräte, und es überraschte mich das Geräusch der einlaufenden Flut, ich war erstaunt über das Kreischen der Möwen, das Knirschen des Schnees, das Klicken der Fallleinen an den über Winter an Land gebrachten Booten. Ich hatte das ständige Vorhandensein all dieser Geräusche vergessen – ihr Fortsein war mir allmählich selbstverständlich geworden ... Ich hatte mit immer größer werdender Trauer, Erregung (Furcht?) die Entfernung von Stimmen und die Unbestimmtheit von Geräuschen registriert, für die ich keine vernünftige Deutung mehr fand ... All jene Geräusche haben sich in mein Gedächtnis eingegraben. Eine Musik, die ich bald nur noch mit visuellem Geschick an bestimmten Hinweisen erkennen würde. Lieder der Meereswelt, die ewig gleich klingen. Nur *meine* Ohren änderten sich. Nach einiger Zeit reagierten sie nicht mehr auf die Zauberkraft neuerer, stärkerer Hörgeräte ...

Das Einheitsgrau, das Verblassen der Lautfarben bis zu trüb verwaschener Mattheit, das Schwinden der Klangfülle – all das rückt so langsam und schleichend heran, und das Geschehen vollzieht sich so heimlich. In diesem Einheitsgrau machte sich dann ein Aufruhr besonderer Art bemerkbar ... Ärger und Wut (... »Warum gehst du nicht ans Telefon?« ... oder »Du hörst mir nicht zu ...« Und eines Tages an einer Kreuzung, als ich bei Rot an einer Ampel hielt: »He, Sie da, Lady, merken Sie nicht, daß da hinter Ihnen ein Krankenwagen kommt? Sind Sie taub oder was? ...«). Die Welt war nicht mehr grenzenlos. Ich spürte den Druck unsichtbarer Wände. An den Abenden zog ich das Telefon aus der Steckdose.

In der wachsenden Stille suchte ich Schutz in meinem winzigen Häuschen und entzog mich, zusammen mit an meinen Katzen und Barney, meinem alten Hund, den diffusen, beunruhigenden Verstörungen. Hier zweifelte niemand meine Aufmerksamkeit an. Es dauerte noch eine ganze Weile, bis ich merkte, daß Barney mir schon seit einiger Zeit immer meldete, wenn jemand an der Tür war.

Zum Glück streckte mich eines Tages eine Grippe nieder. Ich saß zusammengesackt in einem Stuhl, und mein Arzt starrte auf der gegenüberliegenden Wand eine grauweiße Aufnahme meiner Bronchien an. Dann sah er zu mir und schüttelte mich an den Schultern: »Sie haben nicht ein Wort von dem gehört, was ich gesagt habe.« Erst begriff ich nicht, daß er diese Worte soeben mit dem Mund formuliert hatte, ohne daß ein Ton herauskam. Automatisch las ich ihm von den Lippen, was ich offenbar schon seit einiger Zeit tat, ohne es zu bemerken. Er testete mich, und natürlich hatte er recht. Ich hatte kein einziges seiner Worte gehört.

Wann merkte ich eigentlich, daß mein großer, gescheckter Boxer mir Bescheid sagte, wenn jemand an die Tür klopfte, wenn das Telefon klingelte, wenn irgendein Geräusch in meiner Nähe umhergeisterte? Bei unseren Morgen- und Abendspaziergängen schubste er mich zur Seite, wenn hinter uns ein Auto auftauchte; wenn die Sonne aufging, leckte er mein Gesicht und weckte mich so. Wann hörte ich auf, das Radio und den Wecker als wahrgenommene Geräusche zu registrieren?

Mein Hund war alt und ziemlich krank, aber ich hing an dieser Kreatur, die meine scharfgedämpfte Welt am besten verstand. Was würde ich ohne ihn tun? Barney war mir seit seiner Welpenzeit tief ergeben, und jetzt wurde er zu meinem Ohr. Er deutete die Geräusche um mich herum und teilte mir die Botschaften des Lebens mit, die einer meiner Sinne nicht empfangen konnte.

Es ist nicht ungewöhnlich bei Tieren, daß sie sich stark an eine Person binden und auf ihre speziellen Bedürfnisse eingehen. Über die Jahre kann sich so eine ganz außerordentliche Beziehung entfalten. Deshalb suchten mich nachts bei dem Gedanken, ich müßte einen neuen Hund trainieren, Alpträume heim. Das schien mir etwas zu sein, was meine Möglichkeiten überstieg, und doch war es etwas, was jetzt für mich anstand. Ich hatte von einer Einrichtung in Colorado gehört, wo Hunde für Hörgeschädigte ausgebildet wurden. Man brachte ihnen bei, die Bedürfnisse von Menschen zu erkennen, deren Welt immer mehr verstummte. Vielleicht, so dachte ich, sollte ich mich mit ihnen in Verbindung setzen ...

Ich wohnte jetzt auf der *Bette Anne,* und die einundzwanzig Fenster des Minilandhauses-mit-herrlicher-Aussicht konnte ich nur noch manchmal durch das volle Sommerlaub der Bäume erspähen. Waren Behinderten-Hunde jemals für ein Leben auf dem Wasser ausgebildet worden? Ich schrieb an das nahegelegene Trainingszentrum der Stiftung für Blindenhunde. Und Wunder sind möglich. Sie hatten vor kurzem eine anonyme Spende zur Ausbildung von Hunden für Hörgeschädigte erhalten. Die Trainer besuchten mich und beobachteten, wie ich mit meinem schwerkranken Hund und meinen diversen Katzen umging. Sie wollten mich und meine Umgebung kennenlernen, um den geeignetsten Hund für mich auszusuchen. Sie begriffen, daß mein Barney zu einer lebenserhaltenden Einrichtung für mich geworden war.

Sheena hatte den Grundkurs in der Gehorsamsdressur schon absolviert. Sie hatte auch schon gelernt, auf bestimmte

Geräusche zu reagieren und sie zu melden. Das Klingeln des Telefons, ein Klopfen an der Tür, ein schrillender Wecker, ein schreiendes Baby ließen sie zu ihrem Besitzer laufen: Auf diese Weise zeigte sie, daß sie eine Botschaft hatte. Bald schon sollte ich erleben, wie sie ihre Anhänglichkeit von ihrem Besitzer auf mich übertrug. Anfangs aber, als Barney noch lebte, kamen nur die Trainer zu mir nach Hause. Ich wußte noch nichts über meine zukünftige Begleiterin. Ich fragte auch nicht.

Ohne mein Wissen wurde Sheena, die Hündin, die ausgewählt worden war, mein zukünftiges Ohr zu sein, zu den schwimmenden Docks von Port Jefferson gebracht, einer Hafengemeinde nicht weit von meiner eigenen. Dort bereitete man sie darauf vor, sich mit meinen besonderen Bedürfnissen und all den ungewöhnlichen Dingen vertraut zu machen, die sie beim Leben auf einem Boot kennen mußte.

Im Juni flog ich zur Hochzeit meiner ältesten Tochter nach Kalifornien. Meine jüngste Tochter und ich mußten auf unserem Rückflug von San Francisco in verschiedene Richtungen umsteigen. Meine Kleine, die nach Seattle in ihr College zurückkehrte, sagte: »Mama ..., was wirst du machen, wenn ich in meinem Flugzeug sitze?« Damals war ihr schon klar, daß ich akute Schwierigkeiten hatte. Eine Stunde später verpaßte ich, allein gelassen, meinen Flug – nach vierundzwanzig Stunden Standby-Warten. Der Buchungsangestellte war darüber informiert worden, daß man mich persönlich ansprechen mußte. Aber es war die Nacht vor einem möglichen Fluglotsenstreik, und der Flughafen war ein einziges wüstes Gedrängel von Leuten, die versuchten, noch vor ihrem geplanten Abflug nach Hause zu kommen. Ich wartete neben dem Schalter. Und sie vergaßen den Hinweis, riefen meinen Namen nur über Lautsprecher aus. Ich hörte ihn nicht.

Barney starb am Ende jenes Monats, im Juni 1982. Eine Woche vorher verlor auch er sein Gehör. In jener Woche und in den Tagen danach hatte ich – bevor Sheena zu mir kam – reichlich Gelegenheit, die schrecklichen Auswirkungen der Isolation kennenzulernen, wenn bestimmte Arten von Verständigung einfach abgeschnitten sind. Ich merkte nicht, wenn ein Besucher vor der Tür stand; ich hörte das Tropfen nicht, als eines Abends, keine drei Meter von mir entfernt, ein Zimmer voll Wasser lief.

Mir fiel der Tag ein, an dem er vor vierzehn Jahren ein Mitglied der Familie geworden war. Ich hatte gesagt: nicht auch noch Hunde. Trotzdem hatte ich mich hinten auf den Rücksitz gequetscht, als mein Mann, die Kinder, drei Freunde und eine Katze startbereit im Auto saßen, um »nur mal so« einen Wurf junger Boxer anzuschauen.

Zehn ausgelassene Welpen tobten in einem waldähnlichen Gehege umher, das mit einem Holzzaun eingefaßt war. Ich sah, wie eines der Tiere stehenblieb und mich anstarrte. Wie bei neugeborenen Kindern paßte sein mächtiger Kopf noch nicht zum übrigen Körper. Helle Augen fixierten mich. Flink drückten seine Besitzer mir das Wesen in die Arme. »Wir wollen doch nur gucken«, sagte ich. »Natürlich ...«, lautete ihre verständnisvolle Antwort.

Auf der Heimfahrt grub er seine Nase in meine Achselhöhle.

Er erklärte mich von Anfang an zu seiner Bezugsperson, begrüßte mein Erscheinen jeden Morgen und jeden Abend als besonderes Wunder in seinem Leben und wich mir kaum von der Seite, wenn ich zu Hause war. Das Verebben von Geräuschen in meinem Leben wurde mir durch meinen liebevollen, aufmerksamen Begleiter erleichtert. Irgendwie wußte er, daß ein großer Teil der hörbaren Welt mich nicht erreichte.

Zwei Jahre vor seinem Tod war ich verwundert darüber, daß er immer noch bei uns weilte. Er und ich und die Katzen waren jetzt allein. Sein Schritt war langsamer, seine große, schöne Gestalt, nun da er ständig an Gewicht verlor, ausgeprägter geworden. Bis zu seinem letzten Morgen fiel mein treuer Überlebenshelfer angriffslustig fremde Hunde, Jogger, schnelle Autos und undeutliche Schatten an. Eines Tages wurde mir klar, daß nichts mehr gegen seine Tumoren, seine Herzbeschwerden, das schwindende Sehvermögen, die Arthritis, das Alter und die traurigen Ausbrüche menschlicher Wut (während seiner letzten Lebensmonate hatte ein Betrunkener ihm eines Nachts Säure auf den Rücken geschüttet ...) zu helfen vermochte.

Ich sagte zu ihm: »Barn, alter Freund, du wartest darauf, daß Laura nach Hause kommt ...« Er wußte natürlich, daß meine älteste Tochter von Kalifornien auf dem Weg zu uns war. Wir hatten uns auf ihren Besuch gefreut. Ich wußte, er würde mich nicht verlassen, solange ich allein war.

An seinem letzten Morgen konnte er nicht mehr gehen. Wir trugen ihn ins Auto, das mit Kissen gepolstert war. Er hielt seinen Kopf hoch, den einzigen Teil seines Körpers, der nicht vom Krebs und von den Auswirkungen der Säureverbrennungen befallen war. Als wir ihn zum Tierarzt hineintrugen, knurrte er einen Bernhardiner an.

Ich rollte seine Leine in großen Schlaufen zusammen und legte sie vorsichtig neben meinen grimmigen guten Freund, meinen Langzeitkameraden, Vertrauten und Begleiter, den Beschützer und Dolmetscher meiner verstummten Welt. Wenige Augenblicke vorher hatte ich jenes stolze Haupt fest an mich gedrückt, meine Tochter und mein Schwiegersohn hielten mich dabei umarmt, und unser Tierarzt hatte meinen alten Boxer Barney schnell und gnädig in seinen langen Dauerschlaf versetzt.

Wie konnte ich mich so schnell zu einem neuen Hund bereit finden, einem fremden Geschöpf in unserer Mitte? Mir wurde klar, wieviel Zeit ich in jenen letzten Monaten auf die Pflege von Barneys krankem, zerstörtem Körper verwandt hatte. Er beklagte sich nie. Fast bis zu seinem Ende erklärte er mir weiter die Welt. Ich rief die Stiftung für Behindertenhunde an. Ich war bereit, meine neue Freundin kennenzulernen.

Sheena war ein anderthalbjähriges orangefarbenes Energiebündel mit Rehaugen. Sie kam zusammen mit ihren freundlichen und einfühlsamen Trainern bei mir an. Es schien nichts zu geben, was diese Menschen bei ihren Bemühungen für unerreichbar hielten, nichts, was ihr Vorstellungsvermögen überstieg, als sie Sheena vom Hundezwingerleben in der Stiftung an unsere besonderen Lebensumstände umgewöhnten. Sheena war neugierig und lebhaft und testete spitzbübisch meine Anweisungen, die in einem leise geäußerten Befehl, einem Handsignal oder einem bestimmten Rucken an der Leine bestehen konnten.

Wir arbeiteten zusammen und lernten, miteinander zu leben, während die Trainer immer wieder zu Besuch kamen und uns assistierten. Was die Geschicklichkeit betraf, war sie im Vorteil. Sie wußte, was sie tun mußte. Sie besaß eine außergewöhnliche Ausbildung. Und dennoch war das Leben auf dem Wasser eine riesige Büchse der Pandora.

*

Zwölf Jahre sind seitdem vergangen. Das Leben ist für Sheena immer noch voller Wunder. Sie stellt beim Landen von Möwen die Ohren auf und wedelt nicht gerade geduldig mit dem Schwanz, wenn einer unserer regelmäßigen Besucher kommt, ein Nachtreiher, der bei Ebbe hinten auf unseren Bootsplanken hockt und wartet, bis es ganz dunkel wird, um im Watt nach Nahrung zu suchen. Sie weckt mich zu ungewöhnlicher Stunde und sagt in unserer Spezialsprache: »Es regnet, schließ die Backbordfenster ...« Oder sie springt auf mein Bett, stubst mich mit der Pfote gegen die Schulter und bewegt ihren Kopf vor und zurück, wobei sie die Augen von mir auf den Boden richtet. Richtig, Sarah, unsere zehn Jahre alte Katze, hat wieder einmal eine tote Wasserratte angeschleppt. Ich weiß, daß einst ein Geräusch mit der Ankunft der Ratte verbunden war. Sarah ist sehr tolpatschig. Sie ist wie üblich nach ihrer nächtlichen Beutesuche durch ein Fenster gesprungen und hat einen Blumentopf und ein paar Bücher heruntergestoßen. Sheena ist ein Workaholic und horcht vierundzwanzig Stunden lang unermüdlich auf die Geräusche der Welt.

Und Sheena begleitet mich überallhin, sie genießt dieselben Rechte und Privilegien wie Blindenhunde. Ich weiß, daß ich so gut wie gar nicht mehr höre. Meine Hündin weiß das auch. Sie stellt ihre einzigartige Persönlichkeit unter Beweis, ist aufmerksam und ausdrucksvoll. Sie berichtet mir alles, was ich wissen sollte, indem sie schlicht nur die Ohren aufstellt oder eine Bewegung mit dem Körper macht, wenn etwas Normales geschieht, wie z. B. Schritte auf unserem Steg, die wir kennen, oder ein Gewitter, das unsere windgepeitschten Gewässer aufwühlt, oder wenn etwas fehlt. Ich kann Donner nicht mehr hören, habe längst vergessen, daß es ihn gibt. Sheena hat ein besonderes Zeichen für Donner, eines, das ihr nicht beigebracht worden ist. Indem sie mich beobachtete, hat sie, genau wie Barney, gemerkt, wann etwas geschieht, das ich nicht wahrnehme.

Ich kann auch den Regen auf unserem Dach nicht hören oder das Hupen eines Autos oder jemanden, der hinter mir geht. Taubenhunde lernen, über physischen Kontakt den Bedürfnissen ihrer Besitzer zu begegnen. Wenn es klopft, rast Sheena aufgeregt zur Tür, wandert mit den Augen zwischen meinem Gesicht und der Tür hin und her, rast auf und ab und schleudert dabei Katzen und Bücher und wer weiß was noch durch die Gegend. Wenn ich ihre wichtige Botschaft nicht begreife, zieht sie mich vorsichtig an der Hand oder am Rock. In unserem ersten gemeinsamen Jahr waren wir drei Wochen lang getrennt, als Sheena im Krankenhaus war. Ein Auto war die Hafenstraße hinuntergejagt. Ich bemerkte Sheenas Signale nicht, da ich in Gedanken woanders war. Ich hörte auch die warnenden Rufe der Menschen im Bootshafen nicht. Sheena warf sich zwischen mich und das herannahende Auto.

Die meisten alltäglichen Lebensgeräusche existieren einfach nicht für mich und für viele wie mich. Musik, Unterhaltung, Warnsignale, all das bleibt vage, sofern wir es überhaupt bemerken. Seit man 1976 unter der Schirmherrschaft der *American Humane Society* damit begann, Hunde für hörgeschädigte und taube Menschen auszubilden, sind jährlich Hunderte von streunenden Tieren gerettet worden. Diese Tiere haben seitdem ein fruchtbares und glückliches Leben als Taubenhunde geführt und das stumme Leben ihrer menschlichen Gefährten bereichert.

Wir besitzen einen Freund, der uns nahe und zugetan ist, und wir genießen die Vorteile, die es mit sich bringt, wenn unsere Welt sich dadurch vergrößert, daß uns die akustischen Reize unserer Umgebung vermittelt werden. Auch wenn ich weder Vögel noch Donner, weder das Brausen der Stürme noch das Platschen springender Fische hören kann, so weiß ich doch von ihnen, weil es Sheena gibt. Ich kann fast überall hinreisen, da meine Ohren neben mir hertrotten.

*

Der entscheidende Grund für die Anerkennung einer Behinderung ist vielleicht ihre Sichtbarkeit, und das ist bedenklich. Meine liebe Freundin Paula zum Beispiel, eine schöne, sprachgewandte und witzige Person, wird zuallererst wegen ihres

Rollstuhls wahrgenommen. Wir waren Teenager und spielten eines Tages *Touch-Football,* als Paula stürzte und nicht mehr aufstehen konnte. Das geschah während der letzten Kinderlähmungsepidemie vor der Einführung von Impfungen. Wir konstatieren Beschränkungen über das Sehen und Benennen: Hier ist ein menschliches Wesen, das Beschränkungen unterliegt. Wir sehen eine sprachgewandte, leidenschaftliche, liebenswerte Person, die nicht gehen kann. Paulas Rollstuhl ist eine Aussage, die einsperrt.

Es gibt kein sichtbares Zeichen für Taubheit. Ich sehe vollkommen in Ordnung aus, und zum Glück spreche ich auch normal, da ich meine Stimme, die ich selber als ein Flüstern höre, so moduliere, wie ich es von anderen gelernt habe ..., es gibt kein *sichtbares* Zeichen meines Mangels, keine merkwürdigen Hinweise (auf den ersten Blick) in meiner Erscheinung, die darauf schließen lassen, daß ich nicht mitbekomme, wenn der Regen auf unser Dach trommelt, oder daß der mahlende Motor eines Schleppers, der zwei hochbeladene Kräne an der *Bette Anne* vorbeischiebt, meiner Aufmerksamkeit so lange entgeht, bis das Kielwasser des Schleppers uns zum Schaukeln bringt. Trotzdem *gibt* es zwei Besonderheiten an mir, die meist niemandem auffallen: Ich trage zwei Hochleistungshörgeräte, und ich werde immer von meinem Hund begleitet.

Überzeugung – Einfühlung – Wissen – entwickeln sich über die Besonderheit eines direkten Kontakts. Selbst dann ist das Verständnis nur bedingt. Wie hätte ich mir all die Jahre, in denen ich mit behinderten Menschen arbeitete, wirklich das Abgeschnittensein, die Ängstlichkeit, die Isolation vorstellen können, die über einen Menschen hereinbrechen, wenn die Geräusche versickern?

Mit meiner Sheena kann ich die Welt wieder berühren, eine Welt, die für so selbstverständlich gehalten wird, die Welt der Geräusche.

Und ich stelle mir seltsame Fragen: Schlagen die Wellen tonlos gegen die Mole, wenn keiner in der Nähe ist, der sie hört? Das Kreischen der Möwen, der Gesang des Windes, das Summen der lebendigen Welt …, findet all das wirklich statt, wenn wir es nicht hören können? Macht der Baum, der – weit entfernt von Ohren, die für Leben empfänglich sind – im Wald umstürzt, wirklich ein Geräusch?

Schließlich finde ich die Antwort für dieses uralte Rätsel …

6

»Der Regen, der mich umgibt, ist anders als der Regen der Städte. Er erfüllt die Wälder mit einem ungeheuren, verwirrten Geräusch. Er bedeckt das flache Dach der Hütte und die Veranda mit stetigen, kontrollierten Rhythmen. Und ich höre zu, da er mich immer wieder von neuem daran erinnert, daß die ganze Welt von Rhythmen durchzogen ist. Ich habe noch nicht gelernt, genau zu begreifen ... Er spricht, solange er will, dieser Regen. Und solange er spricht, werde ich zuhören ...«

Thomas Merton
Raids on the Unspeakable, 1966

Das Experiment begann vor einigen Jahren an einem heißen, feuchten Nachmittag während eines plötzlichen Sommergewitters. Wir saßen im Cockpit meines Heims, der *Bette Anne*, Elsa und ich und Sheena, mein Taubenhund. Einige der Katzen, die mit auf dem Hausboot lebten, hatten sich unter Stühlen oder in dunklen Ecken ausgestreckt, um der Hitze zu entgehen. Ich sah dem Wetterleuchten in der Ferne zu und beobachtete, wie es immer näher rückte. Dunkle Wolken ballten sich am westlichen Himmel zusammen und jagten in unsere Richtung. Wir warteten atemlos auf die ersten Windböen, auf den Regenguß, der uns übers Gesicht, über den Hals und die Arme laufen würde. Nur Sheena regte sich in der großen Hitze, sie spitzte immer wieder die Ohren und legte eine Pfote auf meine nackten Zehen. Sie hört etwas, dachte ich ..., vielleicht irgendwelche einlaufenden Fischerboote, die vom Regen überrascht wurden.

Denn jetzt regnete es dort, wo sich der Hafen zur Bucht weitet. Wir konnten sehen, wie sich die Wasserwand bewegte, die Sturmböen, nach denen wir uns sehnten, trieben sie in einer scharfen Schräge voran. Bald schon neigten sich die Bäume am Ufer zur Seite, das Schilf kräuselte sich, jede Möwe suchte sich die Spitze eines Pfostens im nahe gelegenen Segelhafen, und alle schauten in dieselbe Richtung, gegen den Wind. »Erstaunlich, nicht«, sagte ich zu meiner alten Freundin, »... wir haben tatsächlich seit Jahren kein richtiges Gewitter mehr gehabt ..., immer nur diesen Regen mit Blitzen und Sturm ...«

Elsa sah mich eine ganze Weile stumm an. Der Regen hatte uns jetzt erreicht und drang durch die offene Westfront des Cockpits. Nur die Katzen zogen sich nach innen zurück. Regen und Wind waren kühl, sie streichelten unsere Haut, reinigten unsere Köpfe und führten die vielfältigen Gerüche des Meeres mit sich. Elsa griff nach dem Kühlbehälter und füllte unsere Wodka-Tonics wieder auf. »Ich möchte einen Toast ausbringen«, sagte sie langsam, »... auf unsere Freundschaft«, und sie fügte hinzu: »... ich schlage ein Experiment vor ..., ein Wagnis ..., ein riskantes Unterfangen ..., es wird die Stärke unserer Freundschaft prüfen ..., dennoch müssen wir es probieren ...«

Ich wartete.

»Hannah ..., liebe Freundin ..., ein Blitz kommt *niemals* ohne Donner ...«

Eine vertraute Angst bohrte in mir, verstohlen und schrecklich, fast ein körperlicher Schmerz. Natürlich war da kein Donner.

Ich lief nach drinnen, tropfte alles voll und riß Bücher aus den Regalen. In einem Lexikon hieß es: »Donner – ein lautes, explosionsartiges, hallendes Geräusch, ausgelöst durch die Ausdehnung explodierender Luft, die durch Blitzentladung erhitzt wurde ...« Ein anderes Buch wies darauf hin, daß zu allen Gewittern Blitz und Donner gehören. Und noch ein anderes beschrieb den Donner als »ein Geräusch, das durch Blitzentladung erzeugt wird ... der Nachhall ... hervorgerufen durch eine plötzliche Ausdehnung der Luft, die ein Blitzstrahl durchfährt ...«

Offenbar fanden Blitze nie ohne Donner statt.

»... Er ist ... also wirklich da.« Ich war wieder draußen, der Sturm hatte schon nachgelassen, ein leichter Regen fiel, und der späte Nachmittagshimmel nahm die blaßblaue Färbung eines frühen Abends an.

Wann hatte ich vergessen, daß es ihn gab – den Donner? Und warum? Und war es wichtig? Welche Bedeutung hatte es für mein Leben, wenn ich wußte – so wie ich es heute tue –, daß ich die Entfernung des Blitzes abschätzen kann, indem ich die Sekunden zwischen dem Blitz und dem wenige Augenblicke später folgenden Donner zähle? Wenn man diese Zahl durch fünf dividiert, erhält man ungefähr den Entfernungsabstand des Blitzes in Meilen (durch drei geteilt, ergibt die Zahl den Kilometerabstand). Wenn man allerdings den Donner nicht ganz unmittelbar selber erfährt, bleibt die Entfernung dieses elementaren Wunders unwichtig. Nur der Blitz erhellt meine Welt als beeindruckende Inszenierung, die scheinbar sehr nah und sehr lebendig ist. Und jedes Messen kommt mir so wenig in den Sinn wie der grollende Donner, den ich nicht hören kann.

»Sollen wir anfangen«, sagte Elsa, »dich für die Welt ringsum aufzuwecken ...?«

Und so begann das Experiment.

Wir sahen uns häufig, Elsa und ich, um uns über die Bücher zu unterhalten, die wir lasen, über unser schöpferisches Bemühen – sie auf dem Gebiet des Tanzes, ich auf dem des Schreibens – und über all die Phasen des Lebens, die wir mit unserem Denken begleiteten. Wir glaubten, daß wir einander sehr genau kannten. Doch wir sollten im folgenden Jahr noch vieles voneinander und über uns selber erfahren.

Wir beschlossen, daß das Experiment auf verschiedenen Ebenen stattfinden sollte. Elsa würde von jetzt an bewußt »zuhören« und sich, wo immer sie gerade war, fragen: »Was höre ich? Würde Hannah es hören, wenn sie hier wäre?«

Wenn wir zusammen waren, fragte sie mich jetzt immer, was in unserer Umgebung mit einem Geräusch verbunden war. Eines Abends wies ich in einem Restaurant auf das Klavier und hielt plötzlich vor Schreck den Atem an. Jemand spielte. Ich konnte es nicht hören. Eine ungeheure Traurigkeit ergriff mich. Elsa sagte kein Wort. Dann sprachen wir über die Musik, die ich gespielt hatte, als ich noch mein Klavier besaß. Sie nannte mir die Namen aller Stücke, die während unseres Essens gespielt wurden. Ich begann mir vorzustellen, wo sich jeweils meine Finger auf den Tasten befinden würden, und es bereitete mir Vergnügen. Beim nächsten Mal setzten wir uns näher ans Klavier, damit ich die Finger des Pianisten beobachten konnte.

Bei anderen Gelegenheiten schaute ich mich dort, wo wir gerade waren, um und sagte, wenn die Wellen ans Ufer schlügen, müsse es wohl ein Geräusch geben; oder dieser starke Wind da sei sicherlich zu hören; ich sah vielleicht ein Motorboot, das die Bucht durchpflügte, oder ein Wasserflugzeug, das sich in die Luft erhob. Elsa erzählte mir dann, was sie hörte. Das konnten z. B. die Ankündigungen aus dem Lautsprecher des Yachthafens direkt nebenan sein. Es konnte das Rauschen der stummen Schwäne sein oder das gräßliche Krächzen des Reihers. Und es konnte ein Bootsbewohner sein, der Saxophon übte. (Ich begann zu entdecken, daß es auch gewisse Vorteile hatte, wenn man nichts hört.)

Wir beschlossen, meinen neuen Taubenhund, meine übermütige, neugierige, quicklebendige, selbstbewußte Sheena, gemeinsam weiterzutrainieren. Sheena war zwar mit außergewöhnlichen Fähigkeiten zu mir gekommen, aber ich kümmerte mich leider zuwenig um die Festigung dieser Fähigkeiten. Sie meldete mir stets sämtliche Geräusche um mich herum. Aber ich achtete häufig nicht darauf.

Und schließlich beschlossen wir, daß Elsa, immer wenn wir mit anderen Menschen zusammen waren, das Experiment erwähnen würde. Wir wollten sie dazu ermuntern, ihre Welt der Geräusche mit mir zu teilen, mir beim Erwachen zu helfen. Und wir trafen auf recht unterschiedliche Reaktionen. Eines Abends erzählte jemand von einem Konzert, das er vor kurzem besucht hatte. Einige Nocturnes von Chopin waren hinreißend gespielt worden. »Welche waren das?« fragte ich sofort.

»Also, ... na ja, ... Sie würden sowieso nicht verstehen, was ich meine ...« Eine bloße Vermutung. Wie sollte ich Musikstücke kennen, wenn ich das meiste davon nicht hören kann?

»Nennen Sie sie mir doch«, wiederholte ich. »Ich kann immer noch alle Nocturnes aus dem Gedächtnis spielen ..., ich kenne ihre verschiedenen Stimmungen ...« Ja, ich wurde allmählich mutiger.

Nur äußerst zögernd begannen andere Menschen, sich an dem Experiment zu beteiligen. Elsa und ich gestanden uns ein, daß es immer wieder höchst anstrengende Augenblicke gab. Manchmal fand ich es vollkommen niederschmetternd, wieviel ich von dem, was um mich herum geschah, einfach nicht wußte. Aber ich vertraute auf Elsas unbeirrbare Ehrlichkeit und Fürsorglichkeit – beides bewies mir, wie ernst sie unser Vorhaben nahm (die Disziplin einer Tänzerin); sie ließ nie nach, auch wenn ich mich zurückzog, und das tat ich nicht selten.

*

Das Experiment endete an dem Tag, an dem Elsa merkte, daß ich von alleine zuhörte, daß ich ganz offensichtlich nie mehr unaufmerksam sein würde. Auf einer Party sehe ich, wie jemand ein Streichholz anzündet. Dazu gehört ein Geräusch. Ein Kanufahrer paddelt vorüber ..., auch das geht mit Geräusch einher. Ein loses Fall schlägt gegen einen Mast ..., irgendwo in meinem Gedächtnis hallt ein altes Klickern nach. Ich wasche Geschirr ab ..., Wasser läuft spritzend ins Becken. Ich erinnere mich, daß fließendes Wasser ein Geräusch macht.

An dem Tag, da das Experiment endete – etwas mehr als ein Jahr nach seinem Beginn –, war es heiß und schwül. Mehrere Gäste hatten es sich im Cockpit der *Bette Anne* gemütlich gemacht, einige hielten sich gelegentlich einen Wasserschlauch über den Kopf, um sich abzukühlen, und alle sahen wir uns die nahenden Gewitterwolken an.

Zu viele Stimmen auf einmal verwirren mich. Ich kann dann nicht mehr verfolgen, wer etwas gesagt hat und was gesagt wurde. Ich beantwortete eine Frage mit einem Satz, der nichts mit der Frage zu tun hatte. »Sie haben mir überhaupt nicht zugehört.« Mein Gast war verärgert.

Ich lächelte und schaute den Blitzen in der Ferne zu, die immer wieder den dunkler werdenden Himmel aufrissen. »Wissen Sie eigentlich«, sagte ich und merkte plötzlich, daß alle mich beobachteten, vielleicht weil sie fürchteten, daß die Bemerkung mich verletzt hatte, »... wissen Sie eigentlich, daß es nie einen Blitz ohne Donner gibt ...?«

Selbstverständlich hat das Experiment nie aufgehört. Es ist

wie ein ständig fehlendes Stück im Tag-Nacht-Tag-Kreislauf meines Lebens. Ich kann nichts anschauen, kann nirgendwo sein, ohne zu denken: ist *dies hier* verbunden mit einem Geräusch, einer Schwingung, einem Rauschen des pulsierenden Lebens? Meine Hände auf der Schreibmaschine *fühlen* das Summen meiner Gedanken, ehe sie auf dem Papier vor mir erscheinen. Und vieles von dem, was ich seit Beginn des Experiments geschrieben habe, verrät den erweiterten Blick auf die Dinge, auch wenn eine wichtige Dimension des Lebens für mich immer mehr schwindet ..., der Ton.

Wenige Wochen nach Beginn des Experiments flog ich für eine große New Yorker Zeitung auf einen Berghang in den Hügeln von New Hampshire. Ich, die ich schon über Kieselsteine stolpere, fand mich auf einem Zeltplatz am Appalachen-Wanderweg wieder. Ich schrieb an einer Geschichte über Mike Conway, einen blinden jungen Mann, der, zusammen mit seinem Blindenhund Tessy und einem sehenden Freund, in hundert Tagen tausend Meilen zu Fuß zurücklegen wollte. Damit wollte er Geld für die Ausbildung eines weiteren Blindenhundes sammeln, so wichtig war Tessy für sein Leben. Es war der fünfzigste Tag seiner Wanderung. Und der leidenschaftliche Wanderer, der nicht mehr sehen konnte, hatte viel Zuspruch auf seinem Weg erhalten.

Ich fuhr wieder nach Hause, der Artikel ging mir leicht von der Hand, nur das Ende wollte mir nicht gelingen. Ich erinnerte mich an Tag fünfzig in jener blaugrünen, hügeligen Landschaft. Ich erinnerte mich an die Wolken, die in Fetzen über uns hinwegjagten. Ich erinnerte mich an den erdigen Geruch des Waldes. Aber etwas gab es, an das ich mich nicht erinnern konnte.

Es war eine heiße Nacht und ich erwachte im hellen Mondlicht. Ich kletterte hinaus aufs Deck des Hausbootes. Unter Millionen von Sternen beobachtete ich zwei Silberreiher, die am Rande des Wassers nach Nahrung suchten. Ein paar Wildenten glitten neben ihnen her, fast verschluckt von der schweren Luft. Eine einzelne Möwe sah ganz unwirklich aus und schien Teil des Felsens zu sein, auf dem sie hockte. Am Morgen dann würde die Möwe kreischen, die Enten würden heiser quaken und die Reiher leise krächzen, wenn sie nach Futter gründelten.

Plötzlich wußte ich, an was ich mich nicht erinnern konnte. Als ich an jenem fünfzigsten Tag über die bewaldeten Hügel wanderte, muß es das gedämpfte Rumoren von allerlei wildem Getier, es muß das Rascheln alten Laubs unter unseren Füßen gegeben haben. Wo war der hübsche Waldsänger, dieses scheue Geschöpf, die Drossel, wo blieben ihre Flötentriller? Wo war das Pfeifen der Wiesenlerche, wo der lispelnde, rauhe Ton des Vireo und wo das geschäftige Zirpen der Stare und Spatzen? Und als ich an jenem Abend mit seinem scharlachroten Himmel wieder aufbrach, muß doch ein Ziegenmelker gerufen haben.

Als ich so in der Nacht mit den Silberreihern dasaß, kam Sheena zu mir, das Geschenk der Stiftung für Behindertenhunde. Sie rollte sich als orangefarbenes Häufchen gegen mein Bein – immer suchte sie mich, immer war sie bei mir. Es war die Stille, an die ich mich nicht erinnern wollte. In jenen Bergen am fünfzigsten Tag hatte es Vögel gegeben. Ich hatte sie nicht hören können, obwohl ihre Stimmen in meinem Gedächtnis ruhten.

Sheena hob den Kopf, leckte mir die Nase und legte eine Pfote auf mein Knie. Sie beobachtete jemanden oder etwas hinter mir. Sie sagte mir in unserer speziellen Sprache, daß da jemand oder etwas war, jemand, der ebenfalls zu dieser Stunde wach war und das Leben der Wildnis mit uns beobachtete. Ich tätschelte Sheenas Kopf und dankte ihr, diesem Geschenk, meinen Ohren. Ich dachte an Mike und Tessy, die irgendwo dort in den Bergen waren. Es fehlte uns zwar ein Sinnesorgan, aber unsere Hunde schenkten uns die Möglichkeit, die Welt trotzdem wahrzunehmen, sie wieder zu berühren – eine Welt, die für so selbstverständlich gehalten wird, die Welt des Sichtbaren und Hörbaren.

In jenem mitternächtlichen Augenblick – unter den gewaltigen Sternen, die, wie ich wußte, auch dort standen, über jenen entfernten Bergen – fühlte ich mich Mike Conway unendlich nahe.

7

»... Töne bahnen sich ihren Weg bis tief in unser Innerstes. Der Beweis dafür sind ihre Spuren, die, wie zerschlissene Lumpen an Kleiderhaken, in den Höhlen unserer Seele aufbewahrt werden. Deshalb können wir manchmal ganz unerwartet Geräusche hören, die niemand wahrnimmt ... Auch wenn, wie beim Taubwerden, die akustischen Stimuli einmal fehlen oder, wie bei einer Depression, die Aufmerksamkeit sinkt, so steigen Tonerinnerungen doch wie hartnäckiges Unkraut immer wieder auf ins Sonnenlicht der bewußten Wahrnehmung.«

F. Gonzales-Crussi
The Five Senses, 1989

Eine Herde von hundert Elefanten grast in der Steppe, jedes Tier hebt hin und wieder seinen riesigen, schweren Kopf aus den Pflanzen des Velds und schürft im nahe gelegenen ausgetrockneten Flußbett nach Wasser, das sich vielleicht gar nicht so tief unter der Oberfläche verbirgt. Die Elefanten haben tagelang nach einer genügend großen Wasserstelle gesucht. Plötzlich verharren alle gleichzeitig, sie erstarren, recken ihre großen Köpfe hoch in die afrikanische Stille, spreizen ihre Ohren und prüfen in vollkommenem Schweigen kritisch die Atmosphäre. Eine ganze Minute lang regen sie sich nicht. Sie hören zu.

Es ist unvorstellbar. Sie sind durstig, und dennoch kehren sie alle auf einmal ihrer Futterstelle den Rücken. Über eine geheime, stumme Information sind sie aus ihrer synchronen »Vereisung« erlöst worden und eilen zum Ursprung eines Rufs, der vielleicht Hilfe erbeten, vor Räubern gewarnt oder fröhlich die Entdeckung von Wasser verkündet hat.

Die unhörbaren Schwingungen der Luft werden von den Elefanten als Infraschallwellen, d. h. unterhalb des menschlichen Hörvermögens, produziert. Sie können Erinnerungsbotschaften, elementare Klagebekundungen, Bitten um Hilfe oder unmittelbar lebenswichtige Mitteilungen bedeuten. Häufig handelt es sich bei diesen Botschaften um den leidenschaftlichen stummen Gesang einer Elefantenkuh, die nach vier Jahren wieder paarungsbereit ist – zwei Jahre war sie schwanger und zwei weitere hat sie ihr Junges gesäugt. Ihr Lied wird in die Ferne getragen und ist eine dringliche Aufforderung an wandernde Elefantenbullen, denn ihre fruchtbare Zeit besteht nur aus zwei kümmerlichen Tagen. Auf tonlosen Infraschallwellen schickt sie die flehende Folge auf- und niedersteigenden Grollens in den Äther, und ihr Gesang ist immer gleich – der Paarungsruf des weiblichen Elefanten, der tief ins Gedächtnis eingegraben ist.

Nach Aristoteles spielt das Gedächtnis eine wichtige Rolle im menschlichen Leben. »Erfahrung«, so heißt es in seinen philosophischen Schriften, »entsteht über das Gedächtnis.« Auch Tiere, so glaubte er, leben mit Hilfe ihres Gedächtnisses, »aber die menschliche Rasse lebt außerdem durch Kunst und Urteil«.

Mag sein. Kunst und Urteil entwickeln sich in jedem menschlichen Wesen unterschiedlich stark. Das je individuelle Ergebnis von erfahrungsgeleitetem Leben besteht in einer eigenwilligen Mischung aus Wissen, Temperament und jenem körperlichen wie auch geistigen Geschick, das sich auch aus dem Gedächtnis nährt.

Wenn ich über Elefanten nachdenke, über die Seltsamkeit stummer Gedanken und das Labyrinth des Gedächtnisses, dann fällt mir der Baum wieder ein, der im Wald umstürzt. »Die Wellen, die gegen die Mole schlagen ..., das Kreischen der Möwen, der Gesang des Windes, das Summen der lebendigen Welt ..., findet all das wirklich statt, wenn wir es nicht hören können ...?«

Geräusche existieren, habe ich vor langer Zeit beschlossen. Unabhängig davon, ob *meine* Ohren sie mir mitteilen oder nicht. Stimmt das? Oder hatte Thoreau recht, der in seinem Tagebuch notierte: »Es braucht einen Mann, um einen Raum verstummen zu lassen«?

In einem Musiklexikon las ich in dem Abschnitt über Akustik, daß ein Ton eher eine Empfindung als ein Ding ist. Schwingungen werden durch einen Verursacher – ein Klavier, die Stimmbänder eines Menschen, ein abstürzendes Flugzeug – in die umgebende Atmosphäre geschickt. Das Trommelfell eines Lebewesens nimmt eine Störung der Nerven wahr, ein Zittern, eine beschleunigte Erregung, die unser Gehirn »Ton« nennt. So gesehen, fährt das Musikhandbuch fort, »gibt es ›Töne‹ nur, wo es ein Ohr gibt; eine Blaskapelle aus stocktauben Musikern (falls sich so etwas Absonderliches vorstellen läßt) würde in einem Heim für Taubstumme, in dem nur die Patienten anwesend sind, keine ›Töne‹ produzieren.«

Und was ist mit meinem stürzenden Baum im Wald? Meinen Wellen, meinem Wind, meiner summenden Welt? Was ist mit den weitverstreuten Elefantenherden, die alle gleichzeitig zu einem bestimmten Treffpunkt im Dschungel strömen; sich mit einemmal, alle im selben Augenblick, von einem Wasserloch oder von saftigem Grün trennen und von überall her einem wunderbaren, stummen Kommandoruf folgen? An dieser Stelle treffen zwei Denkmethoden aufeinander, die philosophische und die wissenschaftliche. Für viele Hörgeschädigte überschneiden und verbinden sie sich: Die Fakten der wissenschaftlichen erhellen dabei die schwer faßlichen Abstraktionen der philosophischen Methode (existiert ein Geräusch, wenn das Ohr es nicht registriert?). Für Hörgeschädigte haben sich die normalen Grenzen des Hörbaren verschoben, ihr Wahrnehmungsfeld hat sich verengt. Wir müssen versuchen, Absoluta und Abstraktionen zu verstehen. Der menschliche Hörbereich bemißt sich nach der Häufigkeit vollständiger Zyklen von reinen Tönen in der Sekunde. Ein vollständiger Zyklus pro Sekunde wird Hertz genannt. Ein reiner Ton ist eine wellenförmige Luftbewegung von bestimmter Dauer, wie z. B. schnell aufeinanderfolgende kurze Atemstöße. Wenn wir zehnmal pro Sekunde kurz Luft ausstoßen würden, dann entstünde eine Frequenz von zehn Hertz.

Die höchsten Frequenzen, dic unsere Ohren wahrnehmen können, variieren, je nach Alter und Gesundheitszustand, zwischen 16000 und 20000 Hertz; und zwanzig Hertz ist so etwa die niedrigste Frequenz, die wir noch als Ton identifizieren. Druckveränderungen in der Luft, die sich unterhalb dieser Frequenz bewegen, werden als Schwingungen wahrgenommen, sie sind eher zu fühlen, als zu hören. Zehn Atemstöße pro Sekunde aus unserem Mund – zehn Hertz also – würden ungehört in die Stille losgeschickt. Aber man muß nur die Geschwindigkeit auf zwanzig oder dreißig pro Sekunde erhöhen ... Durchschnittlich hören Menschen Töne zwischen dreißig und 18000 Hertz. Je mehr Atemstöße, desto höher die Frequenz, d. h. das Pulsieren der übertragenen Energie. Wenn die Atemstöße immer dichter aufeinander folgen, werden sie irgendwann zu einem hörbaren Laut.

Töne fallen nicht an beiden Enden der Hertz-Skala die Leiter hinunter, sondern wandern weiter in die Höhe – als Ultraschall – und in die Tiefe – als Infraschall –; für nichtmenschliche Lebewesen sind diese Bereiche durchaus noch hörbar. In den äußersten Höhen, im Äther des Ultra-Schalls, den unsere Sinne nicht mehr empfangen, senden Fledermäuse ihre Botschaften über Echolotung aus; Spitzmäuse, Schildkröten und verschiedene Insekten verständigen sich so untereinander. Und Hunde reagieren auf Ultraschallpfeifen, die Sir Francis Galton, ein Wissenschaftler des neunzehnten Jahrhunderts, speziell für sie konstruiert hat. Solche Pfeifen produzieren sehr hohe Töne, die Hunde im Gegensatz zu Menschen hören können und auf die sie reagieren.

Die Welt des Infraschalls umfaßt einige der tiefsten von Menschen wahrnehmbaren Töne und die Bereiche darunter. Wir sind umgeben von Infraschallbrummen – Luft oder Wasser können durch Wind, Gewitter, Erdbeben, durch Meereswellen oder heftige Wetter in Bewegung versetzt werden. Im Bereich der tiefen Infraschall-Tonzyklen unterhalten sich Krokodile miteinander, Wale flüstern so oder singen sich etwas vor, und große exotische Vögel, wie der dreizehige Pampasstrauß und der flugunfähige Casuar, transportieren wichtige Mitteilungen in diesen Tiefen. Und jenseits der Grenze des menschlichen Gehörs, jenseits der hörbaren Elefantenlaute – jenem Röhren, Trompeten, Grollen, Brüllen und Schnauben, das wir kennen – können die Infraschallwellen schwingende Elefantenbotschaften gezielt über Meilen hinweg transportieren. »Ich stellte wiederholt ein spürbares Klopfen in der Luft fest«, bemerkt ein Forscher, »etwas wie entferntes Donnergrollen, obwohl um mich her Stille herrschte.«

Elefanten erstarren mitten in der Bewegung, um zuzuhören. Sie lauschen einer Sprache, die so alt ist wie ihre Mammut-Vorfahren. Weibliche Tiere sind dabei offenbar redelustiger. Ihre Rufe haben nicht nur sexuelle Gründe, sondern auch familiäre: Es geht um die Sorge für ihre Kälber, um Babysitten, darum, wie lange die Kleinen laufen können und wie lange man Rast macht, wenn ein Kalb ein Schläfchen braucht. Die getrennt lebenden männlichen Elefanten horchen nicht nur auf die Botschaften solcher sozialer Bedürfnisse der wandernden weiblichen Familien, sondern auch auf die Angaben zu ihrem Standort und ihrer sexuellen Zugänglichkeit.

Die Entdeckung dieser Infraschallrufe der Elefanten mit ihrer unterschiedlichen harmonischen Struktur war »wie die plötzliche Entdeckung eines Stammes mit einer bis dahin unbekannten Sprache«, hat ein Wissenschaftler gesagt, der wildlebende Tiere erforscht. Infraschalläußerungen, die das menschliche Ohr nicht mehr erreichen, werden als eine Sprache begriffen, in der die Tiere sich über kurze oder lange Strecken hinweg heimlich verständigen. Eine bestimmte Stelle auf der Stirn des Elefanten kann vibrieren und produziert so Infraschallschwingungen im Frequcnzbereich von 14 bis 24 Hertz. Irgendwo in der Wildnis hört ein anderer Elefant zu, er bleibt regungslos und scheinbar stumm in der weiten Ebene stehen, hat die Ohren aufgestellt und lauscht einem langvertrauten Lied. Elefanten besitzen seit jeher ein Gefühl für ihre weitverzweigte Familie. Die Kunst vielleicht nicht, aber sicherlich das Urteil ist also Bestandteil ihres Daseins, das sich von Augenblick zu Augenblick bewegt. Wäre Aristoteles wohl enttäuscht oder ungläubig, wenn er von der Fürsorge der Elefanten für ihre Angehörigen erführe, so wie sie elektronische Aufzeichnungen enthüllen, die man von ihrer unhörbaren Sprache gemacht hat? Ist das Leben »der menschlichen Rasse« heute von ebensolcher Fürsorge für die eigene Art gekennzeichnet?

*

Die Reichweite meiner akustischen Wahrnehmung ist gering. Der Großteil der hörbaren Welt dort draußen gehört zum Ultra- oder Infraschallbereich – ist jenseits meiner unmittelbaren Kenntnis. Descartes hat das Schlußfolgern aus Erfahrung als Grund dafür angeführt, daß nichtmenschliche Lebewesen den menschlichen in ihrer Fähigkeit zum Begreifen, Wahrnehmen und Denken unterlegen seien. Ach – noch ein Bezeuger von Kunst und Urteil im menschlichen Bereich. Würde er noch einmal neu über Elefanten nachdenken … oder ein Podest für Taubenhunde wie meine Sheena erbauen, die mir die fernen Bereiche der hörbaren Welt ohne Elektronik zugänglich macht?

Ich hoffe doch sehr. Sie hat eins verdient.

8

»Ich sehe ihm gerne zu … Ich weiß, wo er
steht, wo seine Stimme über die
endlosen Weideflächen hinstreicht und wo
die Sonne über dem Land aufsteigt.
Dort kann man in der Morgendämmerung die
Stille spüren. Sie ist kalt und klar und tief
wie Wasser. Sie hält dich fest und läßt dich nicht
mehr los.«

N. Scott Momaday
The Way to Rainy Mountain, 1969

Er saß auf der obersten Stufe des Niedergangs zur Kajüte und blinzelte sich den Regen aus den Wimpern, der von der Kapuze seiner Wetterjacke tropfte. Er wartete darauf, daß ich ihm meine Aufmerksamkeit schenkte, lächelte und grübelte über komplizierte Dinge nach, die als Falten über seinen Augen erschienen. »Wie kann ich dir vom Ton des Nebelhorns erzählen …«, sagte er, »wie dir beschreiben, wie nächtlicher Regen auf Deck, auf dem Steg oder auf schmelzendem Eis klingt …?«

Ich berührte seine Hand – eine stumme Geste und Ausdruck der Welle von Zuneigung, die mich plötzlich überkam, ein unausgesprochenes »Dankeschön« dafür, daß er mir ein Stück dieses sanften Abends schenkte …, daß er mich an dessen vergessenen Teil erinnerte, der auch vorhanden war, den Teil, den ich nicht hören kann.

»Du hast es mir gerade gesagt«, antwortete ich, und er wußte, daß meine Erinnerung sich mühselig in einen dunklen

Winkel vorarbeitete und versuchte, sich ein Nebelhorn ins Gedächtnis zu rufen, das an einem fast greifbaren Horizont anund abschwillt. Jenen dumpf brummenden, tiefen Seufzer über unsichtbarem Wasser, freundlich und bestimmt. Die Stimme eines Riesen, der den nahe gelegenen Wellenbrecher bewacht und alle sieben Sekunden von den Felsen dort einen aufsteigenden Bogen ausschickt und ein Echo nur im Kopf hinterläßt.

Jetzt stand er unten auf der Treppe, die offene Luke über seinem Kopf ließ den Regen und den erstaunlichen Himmel herein. Der Himmel war uns schon bei unserem Spaziergang mit den Hunden aufgefallen. Wolken jagten dahin, in Grau- und Lavendeltönen, die im dichter werdenden Abendnebel untergingen. Durch die Luke konnte ich ein weißes Band sehen, das sich im leichten Südwind ringelte – der Rauch von der Müllverbrennungsanlage am Ende der Bucht –, kaum wahrnehmbar und schnell von der Nebelwelt verschluckt.

»Vielleicht«, sagte er, »ist der Ton des Nebelhorns so ähnlich wie eine offene G-Saite.« Er lächelte hoffnungsvoll. Ich versuchte mich an den vollen Ton der untersten Geigensaite zu erinnern, auf der kein Finger liegt, an die gezupfte Beschwörung aufsteigender und abfallender Vibrationen. Einst kannte ich das Nebelhorn und die G-Saite.

»Und der Regen.« Er wandte sich um, schloß die Luke, schlüpfte aus der nassen Jacke und hängte sie zum Trocknen über die Tür. »Wie kann ich seine Schönheit beschreiben ...«

»Er ist leise«, sage ich fast wie zu mir selber, »beinah nur ein Flüstern ..., das schweigend in das Holz der Planken sinkt, vielleicht von unserem Deck hochsprüht, sich mit dem schmelzenden Eis vermischt ...« Ich weiß, daß das Niederprasseln auf Deck gedämpft klingt, kaum hörbar ist, beinahe tröstlich, eine Überraschung in der milden Luft an diesem Abend Mitte Februar. Ich kenne den Regen. Wir haben schon früher über Regen gesprochen. Es ist das Nebelhorn, an das wir nicht gedacht haben.

Das Nebelhorn ist etwas, das uns erst nur leicht staunen macht, jedoch zu einem ungeheuren Wunder anwächst, als wir sein Wesen zu erfassen suchen, seine erhabene Aussage, die es düster und feierlich vorträgt: Ich bin Felsen, ich bin Schiff, ich bin Gegenwärtigkeit, ich bin hier mit dir, auch wenn du mich nicht sehen kannst ..., und sein Laut wird anthropomorph ..., so wie viele Geräusche, wenn wir über sie sprechen. Sie werden in einer Weise für mich lebendig, wie sie es nie waren, als ich sie noch hören konnte.

»Der Regen heute abend«, sagte Harvey zu mir, »ist ein bißchen so ...« Er streichelt mein Gesicht mit leichten, flüchtigen Küssen – Lippen, die nur kurz auf Wangen, Augen, Lippen ruhen, dann fort sind und eine feuchte Süße hinterlassen. Ich weiß, wie der Regen heute abend ist, ich kann seine Zärtlichkeit erraten, wenn ich in ihm spazierengehe, ihn berühre. Aber ich glaube, jetzt kenne ich seine andere Dimension, beinahe »höre« ich sein Geräusch, das heute abend fast ein Schweigen ist.

*

Meine Welt – die Welt, die ich kenne – ist seit meinem Skiunfall vor mehr als zwanzig Jahren gedämpft und ruhig. An jenem Morgen war die Welt einfach vorhanden, ich nahm sie so wie an jedem anderen Morgen wahr, ohne über das nachzudenken, was ich sah und was ich hörte. Am Abend jenes Tages hatte sich die Welt, die ich kannte, verändert. Ein Bereich der Sinneswahrnehmung war schwächer geworden, und bald verschwand er fast völlig; die Fülle von Worten und Tönen verstummte, und Monate später hatte ich beinahe vergessen, daß diese klangvollen Tonfolgen je existiert hatten.

Beinahe.

Das Gedächtnis war da und wartete darauf, daß ich es forderte – sein verzwicktes Ablagesystem anzapfte und mit seinem gehorteten Nuancenreichtum spielte. Das Gedächtnis hielt den Atem an und rührte sich nicht, es wartete auf das Stichwort, wartete auf den Ernstfall, um die Erinnerung an Geräusche wieder aufzurufen. Das Gedächtnis wartete darauf, daß ich es benutzte. Was mir fehlte, auch wenn ich es anfangs noch nicht wußte, war eine neue Sprache, in der ich die visuellen und akustischen Hinweise erfassen konnte, die es überall gab. Doch ich sah und hörte und bemerkte sie nicht. Ich mußte die Sprache des Zuhörens lernen.

Gibt es so etwas – eine Sprache des Zuhörens –, ein linguistisches System, das in der Lage ist, die Komplexität allen Denkens und Trachtens wiederzugeben und die Nuancen der Vorstellungskraft, der Gefühle, der Stimmungen nachzubilden, so wie es etwa die italienische Sprache vermag, die französische, die hebräische oder auch die Zeichensprache Sign, jene hervorragende Choreographie aus stummer Bewegung, Ausdruck und flatternden Fingern?

Sign *ist* in der Tat eine Sprache des Zuhörens, sie beruht auf visueller Aufmerksamkeit und Interpretation und ist ein Medium der Verständigung, dessen Struktur mit der von geschriebenen und gesprochenen Sprachen vergleichbar ist. All die vielen Zeichensprachen sind ebensosehr echte lebendige Sprachen wie andere geschriebene oder gesprochene kulturelle Verknüpfungen verbalen Ausdrucks auch. Jede besitzt ihre spezifische Grammatik und Satzstruktur, und manche von ihnen sind noch um Gesten mit den Händen, dem Kopf und dem Körper erweitert, die das Gemeinte verdeutlichen sollen. Hörgeschädigte Menschen, solche also, die nicht vollständig taub sind und früher über Gehör und Sprache verfügten, benutzen häufig zwar nicht die Syntax, aber doch die körperbezogenen Mittel von Zeichensprachen, um Botschaften sowohl zu empfangen als auch mitzuteilen.

Da ich mein Gehör als Erwachsene fast vollständig und ganz plötzlich verlor, fand ich mich nach dem Verlust an einem merkwürdigen Nicht-Ort wieder. Ich fühlte mich, als treibe ich im Nebel umher und könne das Ufer des nahen Festlands und andere im Nebel verirrte Schiffe kaum erkennen. Man weiß, daß da etwas ist, aber es läßt sich nicht genau identifizieren. Der Sinn für Entfernungen spielt einem Streiche. Vieles entgeht einem, da der Nebel es in feuchtem Dunst verbirgt. Manchmal hebt er sich unerwartet und schenkt einem den flüchtigen Anblick von etwas, was sich nicht entziffern läßt. Niemand begreift, daß man sich verirrt hat, da man aussieht wie immer. Man kann verständlich die Sprache sprechen, die man seit jeher kennt, nur ist die eigene Stimme und die der anderen gedämpft, halb erstickt oder gar nicht vorhanden. Die Sinne sind wach, doch man ist abgeschnitten, allein in seiner unheimlichen Isolation. Die Welt eilt vorwärts, und man kann nicht Schritt halten. So ist es, wenn man ernstlich hörgeschädigt ist.

Wer lehrt die Sprache des Zuhörens, und kann sie überhaupt unterrichtet werden? Es ist ganz und gar kein Wunder, daß mein erster Lehrer ein Hund war, mein ergebener gescheckter Boxer, der als erster merkte, daß ich andere Ohren brauchte. Denn obwohl mein Gedächtnis bereit, willens und fähig war, die über Jahre gespeicherten Informationen zur Verfügung zu stellen, brauchte es einen Hinweis, wohin es sich in seiner Suche wenden sollte. Wir alle sind Informationssammler, auch wenn wir uns niemals unter diesem Aspekt betrachten. Alles, was wir tun und sehen und hören und lesen, alle Menschen, die wir kennenlernen, alle Welten, mit denen wir in Berührung kommen, werden in den Buchregalen unseres Gehirns aufbewahrt. So vieles wartet dort darauf, daß der richtige

Knopf gedrückt wird. Am deutlichsten merkt man das beim Lösen von Kreuzworträtseln, vor allem bei solchen, die auf den ersten Blick unlösbar scheinen. Hier hat man einen Buchstaben, dort ein Wort, und dann macht es plötzlich Klick im Gedächtnis. Natürlich! Man hat es schon die ganze Zeit gewußt! Es brauchte nur einen Wink, einen Schubs, einen Zünder, damit die schlummernde Kostbarkeit aufwachte, die dort wer weiß wann gespeichert worden war.

Sie existierte, die Welt, mit ihrer Musik, ihrem Lärm, ihrer Stimme. Ich bin mit ihr verbunden durch die Ohren anderer und dadurch, daß ich noch weiß, was alles Geräusche produziert. Mit meinen zwei Hörgeräten kann ich mehr Wörter verstehen, aber die Wunder, die solche Geräte bewirken können, halten sich (in diesem frühen Stadium ihrer Entwicklung) in Grenzen. Mehr als meine Hörgeräte brauche ich Harvey und Sheena, meine Schwestern, meine Freunde, all jene, die gemeinsam mit mir zuhören.

*

»Es klingelt ...«, murmelt Harvey und bleibt träge neben mir liegen. Er rührt sich nicht, obwohl er den Zubringerzug nach New York erreichen muß. Ich höre den Wecker nicht, eine moderne Errungenschaft, die eher piept als klingelt, wie Harvey mir erzählt. Mein Gedächtnis hat das Geräusch piepender Wecker nicht für mich gespeichert. Sie sind erst auf die Welt gekommen, als ich schon taub war. Deshalb denke ich jeden Morgen, wenn Harvey »er klingelt« brummt, an die runde Uhr mit ihrem weißen Gesicht und den großen, schwarzen Zahlen, die mich vor Ewigkeiten wachläutete – und immer, so schien es, eine Stunde früher, als ich der Welt ins Auge hätte schauen mögen. Harvey reckt sich, setzt sich auf und versucht dabei, die ein, zwei oder drei Katzen, die unser Lager teilen, nicht zu stören. Ich schließe meine Augen vor den Wellen von Geräuschen, die – wie ich weiß – vorhanden sind, und bin froh, daß sie mir verborgen bleiben. Mein Leben ist schöner geworden ohne Wecker. D. h., ohne die von der Krachmachersorte, solche also, die anhaltend schrillen und mit ihrem Dauersignal den Morgen ankündigen. Deren tönende symbolische Aussage sich in das Schweigen des Schlafes drängt – als gewaltsame Unterbrechung einer natürlichen Art von Ordnung. Ich besitze eine andere Art Wecker.

Es ist kein mechanischer Botschafter, der mir die Ankunft des Morgens verkündet. Ich habe etwas Lebendiges, ein aufmerksames Wesen, das sich von seinem nächtlichen Ruhelager erhebt, um mir zu melden, daß die Nacht vergangen ist und der Himmel sich im Osten langsam erhellt. Sheena, mein Hundeohr, ist unter anderem auch als Weckuhr abgerichtet. Sie soll ohne Alarm wecken, mich sanft aus der Wärme der Wolldecken locken und aus schwerem Schlaf emportragen.

Sheena kennt den Ablauf. Sie liegt ausgestreckt auf ihrem Schlafplatz, einem kleinen Sofa neben unserem Bett. Sie beobachtet, wie Harvey verschlafen zu unserem Kohleofen stolpert, während der Wecker piept, sie sieht ihm zu, wie er einen Knopf drückt, der das Geräusch für die, die hören können, ausschaltet. Ihre Ohren und ihre Augen folgen ihm. Dann geht er die vier oder fünf Schritte zu unserer Kombüse und füllt den Kessel mit kaltem Wasser. Sheena stellt ein Ohr auf, womit sie nicht nur das Geräusch zur Kenntnis nimmt, mit dem das Wasser in den leeren Kesselbauch spritzt, sondern auch das hammerartige elektrische Klopfen unserer Wasserpumpe – ein tiefes, heiseres Getriebeknirschen, das die Benutzung des Wasserhahns begleitet. Wenn ich schon einigermaßen wach bin und versuche, meine Augenlider aufzureißen, auch wenn sie weiterschlafen wollen, dann kann ich beobachten, wie Sheena ihr anderes Ohr aufstellt. Harvey mahlt die Bohnen für unseren Morgenkaffee. Halb verschlafen noch ahne ich, gemütlich in mein Bett gekuschelt, den nahenden Tag. Ich lausche dem Morgen, höre ihn ohne seine Geräusche, die mir alle durch die Hinweise aufmerksamer Ohren vertraut sind. Ohren, die nicht die meinen sind.

Ich zögere den Augenblick des Wechsels von Wärme in Kälte hinaus. Harvey hat sich noch nicht ans Feuer gemacht. Noch attackiert kein Scheuern und Reiben das schwache Glimmen – jenes Geräusch, mit dem die nächtliche Glut durchgerüttelt wird. Ein Geräusch, von dem ich weiß, daß es da ist, wenn ich ihn auf der Treppe neben dem Ofen sitzen sehe, sehe, wie er zittert, während er mit dem Morgenfeuer kämpft und versucht, es mit List und Tücke wieder zum Leben zu erwecken. Auch das Feuer hat während der Nacht geruht, frühmorgens brennt es nur noch schwach und muß mit Stochern und Brennstoff hochgeschreckt werden. Ich rühre mich nicht und bleibe bis an die Nasenspitze unter der Bettdecke verkrochen, bis mein persönlicher Wecker klingelt.

Sie schweigt und macht sich an ihr Werk, ohne meine Sinne zu verstören. Manchmal kommt es mir vor, als nehme ich sie zuallererst als einen verführerischen Traum wahr, in dem ich selber noch stecke. Sheena fängt mit dem Teil von mir an, der sich außen am Bettrand befindet ..., einem Arm, der über die Kante hängt, einem Ellbogen, der auf ihrem Sofa ruht ..., oder, wenn ich ganz vergraben bin, mit meiner Nase, den Wangen, der Stirn. Ich spüre eine rauhe Zunge oder eine hartnäckige Pfote, die gegen meine Hüfte drückt, gegen eine Schulter oder aufs Haar. Sie macht das nicht lange, sie ist ganz Erwartung, bleibt geduldig, gibt mir Zeit. Sie kennt mich.

»... Hmmmm«, murmele ich und verkrieche mich tiefer unter die Decke. Im selben Augenblick ist Sheena auf dem Bett, sanft zwar, aber doch entschieden. Zwei Pfoten liegen auf meinen Schultern, ihre Nase bohrt sich in meinen Hals. »Steh auf«, sagt sie, »der Kaffee ist fertig, der Morgen ist da, und du liebst den Morgen ...«

Und es stimmt, daß ich den Morgen liebe. Ich stehe zwar nur ungern auf, bin aber froh, wenn ich dann hoch bin, und möchte, selbst wenn es bitterkalt ist, sofort an Deck klettern, um zu sehen, wie die Sonne über den Hügeln von Sea Cliff aufgeht, über den in Dunst gehüllten Dächern von Glen Cove, über dem Schornstein der Verbrennungsanlage, die nicht weit von uns oben am Fluß steht. Sheena ist ein hervorragender Wecker, auch wenn er stumm ist. Sie läßt sich nicht abwimmeln oder abstellen, bevor man ihr gehorcht. Sie gibt nicht nach, denn sie weiß, wie kostbar mir die Morgenstunden sind.

Im Zwielicht von Hell und Dunkel sitzen wir im geschlossenen Cockpit unseres Heims, der *Haimish,* und schlürfen starken Kaffee, eine frischgemahlene Mischung aus Espresso und gerösteten französischen Bohnen. Das Mischen, der Duft, das Kosten – all das macht unsere Morgende zu kleinen Wundern.

9

»Eine Geste existiert nicht unverbunden in der Zeit.«

Martha Graham
New York Times, 7. April 1991

Es ist später April, und sie ist jetzt jeden Morgen hier, die Ménage á trois (manchmal á quatre ou cinq). Mama glänzt in den Farben Zimt und braunrot, in Eierschale und Umbra (Farben, die in den Büchern so phantasielos braungesprenkelt heißen). Sie erwartet mich auf dem Unterbau des Stegs, an dem unser schwimmendes Heim festgedockt ist. Sie hockt auf dem wachsenden Häufchen aus Gras, Zweigen und Federn, das sie sorgfältig auf den Brettern aufschichtet. Seit Jahren schon baut sie dort ihr Nest. Ihr Enterich ruckt mit seinem glänzenden, grünpurpurnen Kopf wenige Meter von meinem Fenster entfernt. Broken Wing und andere freche Bengel bilden, scheinbar unbewegt, in respektvollem Abstand einen Halbkreis hinter ihm. Nicht lange.

Sobald ich meinen Morgenauftritt habe, entsteht Bewegung. In meinem alten Bademantel und noch ganz benommen vom Schlaf, bin ich Lichtjahre von ihnen entfernt, was meinen Aufzug als auch meine Aufnahmefähigkeit betrifft. Meine linke Hand faßt nach dem Becher mit dampfendem Kaffee, den Harvey vor mir hingestellt hat. Meine Rechte entriegelt automatisch das Fenster und stößt es auf. Ich habe sie noch nicht gerufen, so wie ich es etwas später tun werde, wenn ich mich wacher fühle. Ich bin jetzt kurz in Fensternähe aufgetaucht. Nur Luft und Wasser liegen zwischen uns. Doch kaum greife ich im Bord hinter mir nach dem Brot, das immer dort liegt, beginnt das Flügelschlagen. Wildenten und Gänse schwimmen vom anderen Ufer des Flusses in meine Richtung, hinter jedem Vogel kräuselt sich ein kleiner Strudel. Möwen mit schwarzem Kopf folgen ihnen in geringer Höhe und warten darauf, daß sie tauchen und ein Stück Vollkornbrot aus dem Wasser fischen können. Und Papa Ente senkt seinen Kopf, preßt die Flügel flach an seinen Körper und wird eine flinke, glänzende Kugel, die sich selber gegen die frechen Kerle abfeuert, die fortstieben und wiederkommen. »Bewegung«, so bekannte Martha Graham, »ist die einzige Sprache, die nicht lügt.«

Papa Ente tritt ganz in meiner Nähe Wasser und äugt beschützerisch in alle Richtungen. Ich kann noch so viele Brotstückchen ins Wasser werfen, er wird keinen Bissen anrühren, bis Mama zu fressen beginnt. Ich warte auf sie und werfe etwas weiter, zu Broken Wing und den anderen hin. Mama gefällt das nicht: ein schwirrender Vulkanausbruch von Energie unter dem Steg, sie schwingt sich die knapp zwei Meter von der Wasseroberfläche bis in meine Augenhöhe hoch, der weiße Schwanz zittert, ihre leuchtendblauen Flügelflecken blitzen auf, bevor sie im Wasser landet, dann richtet sie sich noch einmal zu voller Größe auf – eine bebende senkrechte Stimme. Ach ja. »Eine Geste existiert nicht unverbunden in der Zeit.«

Aristoteles glaubte, daß das Wahrnehmen, Erfühlen und, in begrenztem Maße, auch das Begreifen der unrüttelbaren Umgebung eine Eigenschaft aller Tiere und einer ganzen Anzahl von Pflanzen sei. Die Wahrnehmung bewirkt nach seiner Auffassung eine physiologische Veränderung im Wahrnehmenden und wird Teil seines Gedächtnisses; aus diesem Grunde lasse sich das biologische Studium, insbesondere die

Betrachtung der Sinne, nicht unabhängig vom Studium des Gehirns betreiben. Vor einer Woche nun las ich, 2000 Jahre *nach* Aristoteles, von einer »neuen Entdeckung«: »Pflanzengemeinschaften können sich lebhaft unterhalten, ohne daß irgend jemand es hört.« Meine Stiefmütterchen und Petunien (und wer weiß, wer noch alles) stecken ihre Territorien über unterirdische Signale ab, durch »Wurzelkommunikation«. Ach du lieber Gott! Was erzählen einander wohl mein Dill, mein Thymian und meine Petersilie? (Sie verbringt zuviel Zeit an der Schreibmaschine und vergißt, uns zu gießen!) Pflanzen schicken chemische Signale als wortlose Botschaften durch ihre Wurzeln, und das heißt Allelopathie. So brandneu auch nicht. 1880 schrieb Charles Darwin ein Buch *(Das Bewegungsvermögen der Pflanzen),* in dem er seine Beobachtungen an rankenden Pflanzen darlegt. Er beschreibt ihre selektive Reaktion auf bestimmte Reize und ihre raffinierten Bewegungen, die eine bemerkenswerte Empfindlichkeit gegenüber Störungen in ihrer Umgebung verraten.

So ist es. Überall findet Verständigung statt. Eine Wurzel wackelt und sagt auf diese Weise: Hier ist *mein* Platz. Mama Ente katapultiert sich gen Himmel, bis vor meine Augen, und sagt: Frühstück (oder Mittagessen oder Imbiß oder Abendessen, je nachdem). Sobald sie zu kauen beginnt, darf Papa einen Happen zu sich nehmen, wobei er die ganze Zeit auf Räuber achtet, die beides wollen, Frühstück und Mama Ente. Er mümmelt, macht eine Drehung, krümmt sich und schießt dann los wie ein Hochgeschwindigkeitsmotorboot, eine Rakete, die erst auf Broken Wing gerichtet ist (der ihm leicht entkommen kann ..., er ist die schnellste Ente auf dem Fluß), dann gegen die anderen Entenschlingel. Während er die anderen jagt, hat Broken Wing ein kurzes sexuelles Intermezzo auf Mama. Frühstück.

Stumme Signale sind nicht dem Frühstück vorbehalten. Ein

Ei, das träge irgendwo im weiblichen Reproduktionssystem des Menschen umherbummelt, kann laut jüngsten Forschungen zu jeder Tages- und Nachtzeit wählerische Neigungen bezeugen, indem es chemische Lockmittel aussendet und sich damit an einen ganz bestimmten potentiellen Partner unter den vielleicht 280 Millionen Spermien wendet, die nach einer Ejakulation in seine Richtung schwimmen. Endokrinologen versuchen jetzt, das Lockmittel zu isolieren und zu bestimmen.

Wird die Erschaffung eines Kindes irgendwann in der Zukunft kein Zufallswunder mehr sein? Werden überhaupt noch Geheimnisse übrigbleiben? Findet die beste Verständigung stumm und wortlos statt?

Möglich wäre es. Trotzdem drehe ich mich zu Harvey um, schiebe meinen Kaffee, den Toast und die Marmelade beiseite und benutze Wörter. Komm, laß uns frühstücken.

*

Sie füllten den Morgenhimmel. Eine lange, geschwungene Kette, ihr Schreien eine musikalische Unterhaltung, die mit dem Pfeifen des heftigen frühmorgendlichen Westwindes wetteiferte. Sie folgten ihrem Anführer in einer zittrigen V-Formation, hielten sich ans Ufer des Hafenbeckens, drosselten ihre Geschwindigkeit, schwenkten nach links zum Fluß – ein wellenförmiges, strömendes Band, das sich den Schatten der aufgehenden Sonne entgegenwiegte, Schlammlöcher umkreiste, herabglitt zur Leeseite des Flusses und auf der Wasseroberfläche aufsetzte. Sie waren weit über hundert.

Erstaunlicher noch als ihre einhellige Flugrichtung, ihre heimliche Verständigung, die sie in einer einzigen atemlosen, choreographierten Bewegung aufsteigen, niedergleiten und landen ließ, war das, was sie als nächstes taten. Mit derselben Zielstrebigkeit, die sie auf fünfzehn Meter Entfernung von meinem schwimmenden Heim gebracht hatte, kehrten sie den Schlammlöchern am gegenüberliegenden Ufer den Rücken, ruckten mit den Hälsen vor und zurück und schoben sich über den Fluß. Es war nichts Zufälliges oder Zögerndes an ihrem Aufbruch. Ich beobachtete, wie sie näher kamen, nippte an meiner ersten Morgentasse mit schwarzem, dampfendem Kaffee und saß auf einem Deck, das noch feucht vom Morgentau war.

Sie näherten sich nicht in einem zufälligen Muster, sondern schwammen in einer U-Formation, deren äußeren Bogen eine Flanke aus den Größten bildete, den Vätern, den Großvätern, den Onkeln, alle dicht beieinander, und vor sich her trieben sie in einem zweiten inneren Bogen die Großmütter, die Mütter, die Tanten. In der Mitte, geschützt und mir am nächsten, schwammen die kleinen Gänse verschiedenster Größe, alle erst höchstens ein paar Wochen auf der Welt.

Einige von ihnen müssen schon früher hier gewesen sein und gewußt haben, daß ich sie mit Bröckchen von Vollkornbrot und Pumpernickel füttern würde, die ich immer vorsorglich in ihre Reichweite warf, damit sie sie noch vor den gierigen Möwen schnappen konnten. Diese wenigen Vögel hatten ihr Wissen an die anderen weitergegeben, und nun saß ich da mit lauter Eltern und ihren jungen, mit unzähligen Generationen einer weitverzweigten Familie kanadischer Gänse, die erwartungsvoll mein Heim umkreisten und auf ausgefallene Weise ihr morgendliches Bedürfnis kundtaten – nach Frühstück.

Ich warf ihnen Brotstückchen hin. Die weiblichen Gänse schickten ihre Kleinen vor, damit sie zuerst fraßen, und nahmen selber nur einen Happen, wenn die jungen fraßen oder ein Bröckchen mit einer tauchenden Möwe zu verschwinden drohte. Überhaupt begannen die erwachsenen Gänse erst dann richtig energisch zu fressen, wenn die Kleinen satt waren. Das vollzog sich nicht leise, sondern mit vielen lautstarken Kommentaren und kleinen Ermahnungen zwischendurch, mit heftigem Einhacken auf jüngere Tiere, die zu fressen versuchten, bevor die Jüngsten fertig waren. Eigentlich nicht besonders verwunderlich. Die Älteren sprachen, lenkten, bestraften. Die Herde hörte zu. Sie besaßen Sprache.

Waren meine geselligen kanadischen Gänse von Alaska, den Aleuten oder der arktischen Insel Baffinland zum Überwintern in die hiesigen Gewässer gekommen? Waren sie von den nördlichsten Regionen Kanadas hierher geflogen? Oder gehörten sie zu dem Volk der Abertausende von Vögeln, die Long Island zu ihrer ganzjährigen Heimat erkoren haben, die nicht länger wandern, da sie hier auf dieser Insel mit ihren Parks und Feldern, ihren Golfplätzen und großen Wiesen, mit ihrer reichlichen Nahrung und den endlosen Weideflächen ein ideales Reich für sich gefunden haben? Eine Insel, auf der man in kurzer Flugzeit lauter Buchten und Häfen zum Schlafen fand, ein Ort mit Nistplätzen in Wassernähe, zwischen hohem Gras und auf grünem Moos? Hatten einige wenige in diesem oder im letzten Jahr in einem verlassenen Fischadlernest gebrütet, so wie es kanadische Gänse gelegentlich tun, in den Bäumen drüben, am anderen Ufer des Flusses? Jenseits des Buschlands aus Gewürzsträuchern und Pfeilkraut, am Rande des feuchten Dickichts, über den tief gelegenen Marschen am Fluß und über den Sandstreifen am Hafen habe ich ihre Luftformationen jedes Jahr beobachten können. Sie steigen aus den seichten Stellen und dem Ufergras auf und landen dort auch wieder, mit langen, schwarzen Hälsen, vorgestreckten Köpfen und auffallend keckem weißem Kinnstreifen.

An diesem Morgen blieben sie eine Stunde und verteidigten ihren Platz gegen Enten, Seeschwalben und Möwen. Dann gab es plötzlich ein Warnsignal, einen einzelnen Laut inmitten all des Geschnatters, und sie wandten sich um, schwammen aus dem Fluß heraus und wurden nun zu einem Schwarm, der zum Flug ansetzte, über die Bäume auf der anderen Seite des Flusses hinwegglitt und sich in sorgfältig geschlossener Formation zu einer anderen Bucht aufmachte. Ihr Ruf wurde rollend und dunkel, gab genaue Richtungsanweisungen, war ihre Sprache.

*

»Du mußt sie beobachten«, sagte Elsa vor elf Jahren zu mir, als Sheena zu einem Teil meines Lebens wurde. »Beobachte genau die Form jeder ihrer Bewegungen, schau, wieviel Bemühen sie hineinlegt. Ein formgewordenes Bemühen«, sagte Elsa und jagte Sheena in einer wahnwitzigen Folge blitzschneller Sprünge und Hopser durch ihr Studio, »das ist die Handlung, der versuchte Einsatz (das Bemühen), der sich in Energie ausdrückt.« Elsa stellte fest, daß Sheena, obwohl sie perfekt ausgebildet war, als sie zu mir kam, immer noch neue Wörter in ihr nonverbales Hundevokabular aufnahm. Um zur anderen Hälfte eines erfolgreichen Gespanns zu werden, mußte ich auf jede leiseste Veränderung ihrer stummen Gestalt reagieren.

Meine Wahrnehmung schärfte sich schnell. Elsa achtete darauf. Elsa war Tänzerin und in der George Balanchine School of American Ballet ausgebildet worden. Sie machte mir begreiflich, was nonverbale Kommunikation war, indem sie Sheena tanzen beibrachte, manchmal sogar auf Spitzen (mit ein klein wenig Phantasie). Bis auf den heutigen Tag (seltsamerweise – wegen mangelnder Reklame vermutlich) ist Sheena Elsas einzige vierfüßige Schülerin.

Jeder, der schon einmal mit Tieren zusammengelebt hat, weiß um unausgesprochene Stimmungsbekundungen. Was ich von meinem Leben mit einer ständig wechselnden Schar von Hunden und Katzen (und uneingeladenen, aber vorhandenen Mäusen, Spinnen und Ameisen) wußte, war nicht oberflächlich. Es war nur nicht ausreichend. Vieles von dem, was ich von den wechselhaften Gefühlen meiner Geschöpfe begriff, basierte auf Geräuschen. Jetzt haben die Geräusche sich mir entzogen, sind noch da, aber schwer faßbar, jenseits meiner Kenntnis. Ich mußte meine visuellen Fähigkeiten verfeinern. Ich mußte wirklich sehen lernen.

Ich beobachtete Sheena beim Tanzen. Nicht gerade Balanchine-Material, aber Elsa hatte schließlich schon andere Wunder vollbracht. Unsere Sitzungen fanden nicht nach einem festen Zeitplan, sondern während gelegentlicher Besuche in Elsas Studio statt, wenn sie gerade unterrichtete. Sheena und ich stiegen dann die Treppe hoch, sie machte auf halbem Wege eine Pause, sah mich an, stellte ihr rechtes Ohr auf, legte ihren Kopf schräg zur Seite, spähte nach oben, dann zu mir und wieder nach oben. Nach einer Weile begriff ich, daß das Musik meinte. Elsas Schüler übten Schrittverbindungen oder Variationen des klassischen Balletts und begutachteten Ausdruck und Haltung in der Spiegelwand gegenüber dem Studioeingang.

In unserem gemeinsamen Leben fällt mir nie auf, daß Sheena sich nicht akustisch mit mir verständigt (ihr hohes Bellen und ihr tiefes, leises Grollen sind für andere Leute da). Ich bin vielmehr hingerissen von ihren Ohren, die nicht nur Geräusche für mich aufnehmen und übersetzen, sondern darüber hinaus ein eigenes Leben führen. Darwin hat dies in aller Ausführlichkeit in *Der Ausdruck der Gemütsbewegungen bei dem Menschen und den Tieren* dargestellt. »Die Ohren«, so schreibt er, »sind bei vielen Tieren äußerst ausdrucksvoll in ihren Bewegungen; andere aber, wie zum Beispiel der Mensch, höhere Affen und viele Wiederkäuer, versagen in dieser Hinsicht. Eine leichte Veränderung ihrer

Stellung dient dazu, auf schlichteste Weise eine Veränderung des Gemütszustandes auszudrücken, so wie wir es bei Hunden täglich beobachten können.« Das wird deutlich in der Art, wie Sheena mir mitteilt, daß ihr Wassernapf leer ist. Sie läuft zu mir und hat beide Ohren aufgestellt – ihr Zeichen für Alarm –, dann klappt sie die Ohren nach unten, sieht zum Napf, den sie umgekippt hat, rennt zu ihm, versetzt ihm mit ärgerlicher Pfote einen Schubs und rennt zu mir zurück, wobei ihre Ohren immer noch wie angeklebt an ihrem collieartigen Kopf anliegen.

Vor Elsas Eingang macht Sheena eine winzige Pause. Ich mache ihre Leine los. Alle Anmut ist verschwunden, als sie sich auf Elsa stürzt – ein bebender orangefarbener Blitz, der vor Elsas Zehen abbremst und haltmacht. Sheena gehorcht Elsas Zeichen – erhobene Hand mit ausgestrecktem Finger, der schnell gesenkt wird –, und das heißt: »Sitz«. Ebenso schnell hebt Elsa einen angewinkelten Arm, die Hand ist am Gelenk nach unten abgeknickt, und sie bewegt einen Finger in einer sich aufwärts windenden Spirale. Sheena wirbelt auf den Hinterpfoten – im bemerkenswert unbalanchinesken Versuch einer Pirouette.

Elf Jahre später. Sheena ist keine Tänzerin. Und sie ist doch eine, insofern sie und ich gelernt haben, daß Bewegung, der sichtbare körperliche Ausdruck, mehr bedeutet als nur die Aktion als solche; Bewegung betrifft immer auch die Seele, sie drückt Gefühle und Gedanken aus und teilt sie mit. Formgewordenes Bemühen bedeutet in dieser Hinsicht das offenkundige, äußere Sichtbarwerden eines inneren Aufruhrs. Was der Beobachter zu tun hat, ist, aufs genaueste die vollzogene Bewegung zu studieren. Ann Hutchinson, eine Wissenschaftlerin, die sich auf die Erfassung von Bewegungen beim Tanz spezialisiert hat, beschreibt diese Beobachtung (*Labanotation: The System for Recording Movement*, 1970): »Hinter jeder Bewegung steht der ursprüngliche innere Impuls, dem wir den Namen Bemühen geben ... Jedes Handeln, vom winzigsten Zucken bis zum Beiseitespringen vor einem Auto, erwächst aus einem bestimmten Bemühen des Individuums. Im täglichen Leben erledigen wir unsere verschiedenen Aufgaben und drücken uns auch selbst auf verschiedenste Weise in einer Reihe von Bemühensmustern aus.«

Ich sehe sie tanzen. Keine Plié, kein Pas de cheval, kein großer Sprung könnte für mich aussagekräftiger sein als die Verzwicktheiten von Sheenas täglichen Zeichentänzen. Wieder denke ich an Martha Graham: »Der Tanz muß stark sein. Alles, was zählt, ist dieser eine Augenblick der Bewegung. Gestalte diesen Augenblick kraftvoll und lebenswert. Laß ihn nicht unbemerkt und ungenutzt vorüberziehen.«

Ich sehe sie tanzen. Gehen. Laufen. Mit mir sprechen auf ihre Bewegungszeichenweise. Sehe, wie sie unsere Welt klug erforscht, gründlich von ihr berichtet. Und ich bin überwältigt. Ich spüre ihr schlafendes Gewicht auf meinen Zehen, jetzt in diesem Augenblick, da ich an der Schreibmaschine sitze. Sie ist zwölf Jahre alt, vielleicht sogar mehr. Eine Senioren-Bürgerin im Hundereich. Ich strecke die Hand aus, streichele ihre rauhe Flanke und vergewissere mich ihrer Anwesenheit. Sie dreht sich auf den Rücken, hebt ihre Pfoten.

Natürlich. Bauchkraulen mag sie lieber.

10

»Er beherrschte die Sprache in einer Weise, wie ich es nie werde. Er tanzte sie aus seiner Seele heraus. Für Momma war Sprache Zärtlichkeit, eine schützende Berührung ein Mittel, um mir ihre Geschichten zu erzählen, mich fest in ihr Leben einzuschließen. Und gemeinsam führten sie mich zu einer Sprache jenseits von aufgezeichneten Wörtern.«

Ruth Sidransky
In Silence, 1990

Eine Hand schwebt zögernd vor meinem Gesicht, Finger umfächeln seine entfernteren Teile, bevor sie sich auf meinen Wangen, meinem Hals, meinen Stimmbändern niederlassen, ein Daumen liegt leicht auf meinen Lippen, hört zu. Das ist das Zeichen für mich, daß ich mit unserem Gespräch beginnen kann. Er ist jetzt bereit für jedes kleinste Flackern der Schwingungen, der Bewegung, des Atems und lächelt.

Wir sprechen miteinander. Unsere zufälligen Gedanken und Gefühle werden von diesem Mann mit seinen Fingerspitzen wahrgenommen und von mir durch Lippenbeobachtung. Er kann mich nicht sehen. Er kann mich nicht hören. Er ist taub und blind und versteht Sprache über Schwingungen und Lippenbewegungen. Er ertastet die Botschaft all jener feinen Nuancen beim sprachlichen Austausch. Er hört zu.

Ich höre seine Stimme über die Töne, die mein inneres Ohr immer noch aufnimmt – verschwommene Lautfolgen, die ich erwische, gedämpft und halb erstickt –, und dadurch, daß ich mich auf den lebhaften Ausdruck seines Gesichts und auf seine Lippen konzentriere. Wir hören einander zu in einem Gespräch, das fast vollständig auf visuelle und taktile Hilfsmittel angewiesen ist.

Dr. Robert J. Smithdas, der Direktor des Helen Keller National Center for Deaf-Blind Youths and Adults (Helen-Keller-Zentrum für taubblinde Jugendliche und Erwachsene), spricht fließend mehrere »Sprachen«. In diesem Augenblick benutzt er drei von ihnen fast gleichzeitig: die Tadoma-Methode der Sprachverständigung – dabei werden die Schwingungen der Stimme mit den Fingern gelesen (es können sogar die Zehen sein –, eine Methode, die von einem Lehrer entwickelt wurde, der den zwei taubstummen Schülern Tad und Oma beibrachte, sich zu verständigen). Personen ohne Seh- und Gehörsinn bilden so ihre Wahrnehmungsfähigkeit im Bereich des Tastsinnes stärker aus – das Gespür für die Lage der Zunge, die Bewegungen der Wangenlöcher, den Luftstrom in der Luftröhre, für all die großen und kleinen, schnellen oder langsamen Bewegungen der Muskeln also, die bei der Artikulation eine Rolle spielen. Bob benutzt auch die Fingersprache, das einhändige Handalphabet, das Wörter und Buchstaben überträgt. Seine linke Hand ruht auf der Hand seiner Sekretärin und empfängt über diese Berührung eine Serie von Finger- und Knöchelpositionen, die ihm die Schlüsselwörter meiner Sätze mitteilen. Und drittens benutzt Bob, obwohl er seine eigene Stimme nicht hören kann, die Sprache. Er ist ein begehrter Vortragsredner und verblüfft seine Zuhörerschaft stets mit seiner wohlklingenden Stimme, seinem reichhaltigen Wortschatz und seinem unbezähmbaren Humor. Wenn man ihm zuschaut, ihm zuhört, vergißt man leicht die Abgeschottetheit seiner Welt.

Mit einem Lachen erinnert er einen schnell wieder daran.

Vor Jahren fragte ich ihn einmal, wie er so gut sprechen gelernt habe. Er sagte, er habe die Artikulation und Betonung von Wörtern unermüdlich mit einem Freund, einem blinden Opernsänger, geübt. Er erinnert sich noch an seinen ersten Vortrag, an die herzliche Aufnahme durch das Publikum, den lauten Beifall, den er »hörte« – als Schwingung unter seinen Füßen. Er erinnert sich, wie das Geräusch verebbte, gerade als ihm jemand einen kleinen Ratschlag in die Hand buchstabierte: Es sei vielleicht nicht verkehrt, beim nächsten Mal dem Publikum das Gesicht zuzuwenden.

Bobs Unterhaltung steckt voller anschaulicher Bilder: »Ich hatte gerade ganz allein für mich gespielt ... Ich jagte Junikäfer und Schmetterlinge«, sagte er in Gedanken versunken und rief sich jenen Tag wieder in Erinnerung, als er im Alter von fünf Jahren eine Rückenmarkentzündung bekam. »Ich sehe noch heute die große graue Katze mit den gelben Augen vor mir ... Sie lag träge auf einer Veranda auf der anderen Straßenseite ... Mutter rief mich zum Essen ... und hatte die Hände in die Hüften gestemmt. Sie trug ein leuchtendbunt bedrucktes Kleid, ihr braunes Haar war nach hinten gebürstet.« Und drei Monate später, erinnert er sich, »versuchte ich, den Schleier von Schläfrigkeit wegzuziehen, der wie Nebel an mir hing. Die Dunkelheit war weder schwarz noch grau, sie war eine dicke, matschige Wolke ...« Seine eigene Stimme war zu einem brabbelnden Geräusch geworden. Er konnte sie nicht verstehen und wenig später überhaupt nicht mehr hören. Und er war blind.

Etwas später, nach einer Besichtigung des Helen Keller Center, spaziere ich allein durch die Flure. An jeder Kreuzung ändern sich die Farben, die Wände haben eine andere Struktur. Ich schließe meine Augen, verlangsame meinen Schritt, verfolge mit den Fingern eine Tapetenstruktur bis zu ihrem Ende, finde die neue, meine Füße fühlen die Veränderung, wenn eine Sorte Fliesen von einer anderen abgelöst wird. Auf diese Weise nehme ich die Wirkung dieses besonderen Ortes körperlich in mich auf. Es ist ein friedlicher Ort, ein schöner Ort, vollkommen unbürokratisch. Auch das Außengelände ist üppig mit Strukturen und Farben ausgestattet. Mir fällt eine Passage aus Bobs Autobiographie *Life at My Fingertips* ein, in der er seine ersten Monate im Perkins-Institut in Massachusetts beschreibt: »Allmählich lernte ich das Gelände kennen ... Die Gründer von Perkins hatten es sich zum Prinzip gemacht, daß die Nichtsehenden und Nichthörenden in einer ästhetisch anregenden Umgebung leben sollten, denn Schönheit besitzt ihre eigenen Kommunikationskanäle, auch wenn nicht alle Sinne funktionieren ..., die alte Kastanie vor der Tompkins-Halle stand in voller Blüte, ihre wunderschön geschmückten Äste hingen über die niedrige Mauer, die den Campus umgab ..., wenn ich auf den mit Platten belegten Wegen durch den Kräutergarten spazierte, zertraten meine Füße Thymianblätter und Sauerampfer, und es stieg eine Wolke aus verschiedenen scharfen Düften auf, die wie ein riesiges Weihrauchfaß in der sonnendurchtränkten Luft hing ..., und ... eine Magnolie im Garten des Direktors wuchs mir besonders ans Herz.«

Ich öffnete meine Augen und schaltete meine Hörgeräte aus. Die Morgensonne schien in ein leeres Klassenzimmer, das zu einem kleinen Garten hin lag. Der Raum war lang, mit einer Tür an beiden Enden. Ich setzte mich an ein Pult, mit dem Rücken zu beiden Türen, schaute zum Garten hinaus und machte mir Notizen über den Morgen.

Ich weiß nicht, wie lange ich dort saß. Oder wie lange sie schon da waren. Erst als ich meinen Bleistift fallen ließ und zusah, wie er unter ein anderes Pult rollte, erst als ich nach ihm langte und zu der weiter entfernten Tür hochsah, entdeckte ich sie. Sie sprachen miteinander, jeder hatte seine

Finger auf den Lippen des anderen, die freien Hände lagen unter- und übereinander und buchstabierten, die blicklosen Augen der beiden schauten eine innere Vision, irgendwo weit weg im Leeren. Und doch waren sie ganz beieinander. Mir stockte der Atem. Es war wunderschön. Bob Smithdas und seine taubblinde Frau Michelle, eine Lehrerin des Instituts, versunken in einem privaten Augenblick.

Und sie wußten nicht, daß ich da war.

Ich war der Baum, der im Wald stürzte.

11

»... Menschen, die nach dem Spracherwerb taub wurden
und sich weiter in der Welt der Sprache bewegen – erleben
eine Vertiefung ihrer visuellen Empfänglichkeit.«

Oliver Sacks
Stumme Stimmen. Reise in die Welt der Gehörlosen, 1992

»Ich nehme nicht mehr wahr, sondern ich nehme anders wahr.«

David Wright
Deafness, 1969

Inzwischen nenne ich ihn Elias, auch wenn ich ihn schon früher gesehen habe, und zwar immer bei Anbruch des Abends. Vorsichtig löst er sich plötzlich aus den Uferschatten, und ebenso plötzlich ist er verschwunden. Ich weiß, daß er nicht die Reinkarnation des israelitischen Propheten aus dem neunten Jahrhundert vor Christus ist, der immer noch über die Erde wandelt, um von der Gastfreundschaft zu künden und – wie die Legende will – um verhärtete Fronten in den Familien aufzuweichen, wenn Spannungen das Band zwischen Vätern und Söhnen, zwischen Töchtern und Müttern auf die Probe stellen. Oder ist er es doch? Elias habe ich ihn im vergangenen April genannt, in dem Augenblick, als wir während der Dämmerstunden unseres Passahmahls die Tür des

Hausboots öffneten, um traditionsgemäß jenen unsichtbaren wandernden Patriarchen willkommen zu heißen. In diesem Augenblick tauchte auf der anderen Flußseite ein kastanienbrauner Flederwisch aus der Düsternis des Brackwassers auf.

Schweigen senkte sich über die zehn an unserem weißgedeckten Tisch versammelten Menschen, in dessen Mitte unser kostbarster Kelch stand, nach alter Überlieferung mit einem Schluck Wein für den Durst des reisenden Propheten gefüllt. Wir betrachteten den hundeähnlichen Kopf, die Schnauze, die sich über einen weißlichen Hals und Bauch senkte, die aufgestellten Ohren und sahen, wie er langsam, fast wie eine Katze, durch das Schilf schritt. Er blieb stehen, reglos bis in seine weiße Schwanzspitze hinein, die schwarzen Flecken auf seinen Schultern erstarrten, er prüfte den Wind, konstatierte die übliche Geschäftigkeit von Fröschen und Fliegen, von Schlangen, Sperlingsvögeln und seinen Lieblingen, den Wasserratten.

Ein Silberreiher stieg aus dem Wasser auf und nahm uns gefangen. Genau in diesem Augenblick verschwand mein so häufiger nächtlicher Besucher, der Rotfuchs. Und der Kelch, der für Elias funkelte, war leer.

Geschöpfe der Nacht kennen keine leere Dunkelheit, sie erforschen ihre Welt mit ungebändigten Sinnen und können in vollkommener Lichtlosigkeit Feind und Freund und Beute aufspüren. Nachtkreaturen besitzen selten ein mangelhaftes Sehvermögen und sind häufig mit einem sehr feinen Geruchssinn ausgestattet. Und dennoch lassen sie sich von Geräuschen leiten, wenn sie durch die dunklen Stunden schleichen.

Mein Rotfuchs macht sich mit Beginn der Nacht auf Nahrungssuche. Er jagt nach Beute für seine Jungen, die in einem Bau tief in dem Wäldchen verborgen sind, jenem Waldstück am anderen Ufer, genau gegenüber der Stelle, wo ich sitze und tippe. Eine Spinne, die reglos zwischen den symmetrisch gesponnenen Fäden aus klebriger Seide oder vielleicht auch an einem frischgewebten Faden hängt, lauscht auf das Surren von Flügeln, auf ein Insekt, unterwegs zu ihrem zarten Gewebe. Und irgendwo in einer Wüste, weit im Westen, bringt sich eine Känguruhratte in dem Moment mit einem Sprung vor einer Klapperschlange in Sicherheit, als die zuschnappen will. Die Ratte ist aufgeschreckt und sofort in Panik versetzt durch jene leichte Musik, die das Geräusch des Überlebens ist – das Geräusch von Klapperschlangenschuppen, die über Sand schleifen. (Verständlicherweise ist die Schlange verärgert, daß ihr ein so saftiges Mahl entgangen ist ..., solch ein köstlicher Eiweißspender! Schon manchen Seemann hat ein herzhafter Ratteneintopf vor Skorbut bewahrt. Nicht nur Magellans Mannschaft hat dieses Gericht empfohlen, sondern auch jene späteren Abenteurer, die auf dem Forschungsschiff *Advance* in die Arktis gesegelt sind. Napoleon genoß auf seiner Exil-Insel ebenfalls die einheimische Küche und sinnierte: »... der Gaumen eines Menschen kann sich mit der Zeit an alles gewöhnen ...«)

Hier in meinem Nordosten, fern von Wüstengeschöpfen, aber vertraut mit Küstenwild, weiß ich, daß eine Schleiereule, versteckt in einem hohlen Baum oder in einer Spalte zwischen Flußsteinen, auf das Getrappel von Feld- und Spitzmäusen horcht. Ich weiß, daß sie den Wühlmäusen und anderen kleinen Nagern ein flinkes Ohr entgegenwölbt, blitzschnell eine Kralle nach Glühwürmchen, Fröschen und Fledermäusen ausfährt. Und Fledermäuse schlafen bis Sonnenuntergang, baumeln einzeln oder in Trauben verkehrt herum in Dachböden, Bäumen, Höhlen oder verlassenen Gebäuden. Zum Beispiel in der geisterhaften, aufgegebenen, halbfertigen Wohnanlage in der Nähe des nächtlichen Jagdreviers von meinem

Rotfuchs. Sie warten darauf, daß sie in die Dunkelheit eintauchen, horchen und kurze, schrille Ultraschallschreie ausstoßen können, die wir nicht hören.

Wenn das Licht schwächer wird und schließlich ganz verschwindet, belauschen Nachtgeschöpfe aufmerksam eine unerleuchtete Welt, eine Welt, die sie dennoch »sehen«. Wie taucht *Myotis lucifugus* bei ihrer Futtersuche zielsicher im Flug durch das Ufergehölz und schnappt nach Mücken und Motten, nach Köcherfliegen, Grillen, Goldaugen und hier und da nach einem herrlichen Grashüpfer? Und immer aus dem Flug heraus: Die Beute wird mit der kleinen, braunen Fledermausflügelspitze aus der Luft geholt, in die Haut zwischen ihren Beinen befördert, die eine praktische Tasche bildet, und von dort ins Maul geschnippt. Die Fledermaus ist perfekt darin, obwohl ihr Nahrungssuchverhalten nicht angeboren, sondern erlernt ist – eine Fertigkeit des Zuhörens. Sie ist zwei Jahre alt und kennt inzwischen das kostbare Geschenk ihres eingebauten Luftjagdsystems – die Echolotung –, eine sensorische Rückkopplungsmethode, die jede Nacht für ein kräftiges Mahl sorgt und es ihr, je nach Entfernung, ermöglicht, einen so winzigen Gegenstand wie ein menschliches Haar ausfindig zu machen. Auch andere Tiere benutzen Echotöne für ihre Nahrungssuche und zur Orientierung – Wale, Seehunde, Seelöwen, Delphine, Schildkröten, viele Insekten und einige Nachtvögel. Sie verfügen über Sonarsysteme, die wohl das Gleichgewicht zwischen Tod und Leben in der Wildnis austarieren können, jedoch alle weniger entwickelt sind als die der Millionen von Fledermäusen mit ihren nahezu tausend Arten. *Myotis* kann durchaus dreißig Jahre alt werden, sofern sie auf den wunderhübschen Grashüpfer verzichtet, wenn ihr körpereigenes Sonarsystem ihr mitteilt, daß Räuber – eine Eule, eine Schlange, ein Waschbär – nur darauf warten, daß ein Grashüpfer gefährlich lockt.

Meine *Myotis* horcht sorgfältig auf die Echos in der Luft. Jede Nacht durchstreift sie Nah und Fern und kann sich fast zweihundert Kilometer von den Dachsparren entfernen, die sie ihr Heim nennt. Meistens ist sie auf der Jagd nach Nachtfaltern, ihrer bevorzugten Nahrung. Ihre erstaunlichen äußeren Ohren stehen weiter auseinander und sind beweglicher als bei den meisten Säugetieren. Oft sind sie riesig im Verhältnis zum Körper und lassen sich zusammenklappen oder in sämtliche Richtungen ausfalten. So spüren sie die Echodaten der verschiedenen Sorten von Geräuschen auf, die die Fledermaus ausgeschickt hat: Summtöne oder schrille Schreie, die noch von Menschen wahrgenommen werden können; ein fast hörbares schnelles Schnalzen; und ihre letzte Waffe, den Ultraschallruf. Wenn sie in niedriger Höhe fliegt, kann *Myotis* einen schwimmenden Baumstamm, einen hüpfenden Frosch oder einen Schnäpperfisch erkennen, der aus dem Fluß schnellt, um nach Insekten und kleinen Fischen an der Wasseroberfläche zu schnappen. Heute nacht ist Feinschmecker-Tauchen.

Die Ultraschallschnalzer – Schreie mit kurzer Wellenlänge, die die *Myotis*-Fledermaus ausstößt – kehren mit einer akustischen Landkarte zurück, auf der jedes Lebewesen und jedes Ding auf ihrem Weg verzeichnet sind. Mit Leichtigkeit vermeidet sie Hindernisse, trifft unfehlbar und mit absoluter Präzision die nächtlichen Insekten, immer in der Hoffnung auf etwas Besonderes. Heute nacht findet es statt.

Hungrig und munter füllt sie sich in Minutenschnelle den kleinen Magen und verzehrt die Grashüpfer pur, ohne auch nur einmal an Aristophanes Zubereitungsvorschlag zu denken. Sie sind vortrefflich, notierte der Athener des vierten vorchristlichen Jahrhunderts, wenn man sie mit einer Prise Pfeffer und aromatischem Essig röstet ... In der Tat, ein einzigartiges Selbstrecycling: Fledermauskot wird unter anderem als Dünger für fast ein Drittel der Weltproduktion schwarzen Pfeffers gesammelt.

*

Das Flugsaurier-Haus thront hoch über der Landspitze, dort wo der Fluß in den Hafen mündet, und seine vielgiebligen Dachgesimse bilden an jeder Seite Mehrfachdreiecke. Dichtes Gestrüpp umwuchert den halbfertigen, geisterhaften grauen Bau, der einmal als Büro für die Wohnanlage gedacht war. Große, klaffende, seltsam geformte Fenster geben den Blick frei auf mächtiges Gebälk in der nackten, unfertigen Schale und gestatten es den ziehenden Wolken, dem pfeifenden Wind und den pfeilschnellen Rauchschwalben, das Innere zu durchqueren, vorbei an *Myotis* und ihrer Familie, die, wie es ihre Gewohnheit ist, kopfüber dort hängen und schlafen.

Die *Myotis*-Sippschaft hängt hier schon seit Jahren, seit das Unternehmen bankrott ist. Möwen, große Blaureiher und Kormorane hocken in den vielen Dachwinkeln. Das Haus wurde vom Hafenmeister so genannt, »weil es so aussieht, als könnte ein Flugsaurier darauf landen«. Mit dem ausgefallenen Charme seiner Dachböden, der hohlen Bäume, Glockentürme und Höhlen ist es als Heim für Fledermäuse hervorragend geeignet. Außerdem existieren tatsächlich Ähnlichkeiten zwischen der äußeren Erscheinung von Flugsauriern – jenen ausgestorbenen fliegenden Echsen – und Fledermäusen – den einzigen Säugern, die zu dauerhaftem Flug in der Lage sind und deren dünnhäutige Flügel durch einen überlangen, ausgestreckten Zeigefinger verstärkt sind. Außer dem ähnlichen Flügelbau und gewissen evolutionären Verbindungen gibt es allerdings wenig, was diesen vor 135 Millionen Jahren lebenden seltsamen Vogel mit *Myotis* verbindet, die in einem nahe gelegenen Dachgebälk schläft.

Es ist dämmerig. Es ist warm. Insekten verderben den Menschen, die am Wasser wohnen, die Dämmerstunden. Seit Wochen besteht das Abendessen aus Stechmücken, kleinen Mücken und Pferdebremsen. Heute abend klingt es nach Moskitos. *Myotis* braucht ihr sonares Echolotungssystem nicht anzuschalten – eines, das weit raffinierter ist als jedes je von Menschen erdachte –, um zu wissen, wie die Mahlzeit draußen aussieht. Laute Insekten wie Moskitos und Fliegen verraten ihre Anwesenheit durch das besondere Geräusch ihres Flügelschlags.

Ein gelber Schmetterling (zwölf bis achtzehn Schläge pro Sekunde) huscht durch die offenen Fenster des Flugsaurier-Hauses. *Myotis* ist noch verschlafen und verpaßt ihn, als sie sich von ihrem Balken fallen läßt. Sie gleitet durch das Fenster in die Abendschatten hinaus und weiß sofort, wer da draußen ist: ein paar Libellen mit schwachen 20 bis 30 Schlägen pro Sekunde, eine ganze Reihe ansehnlicher Nachtfalter, die mit 50 bis 70 Schlägen pro Sekunde mehr Lärm machen, Millionen von Mücken mit flotten 1000 und, ja, köstliche Moskitos mit einer gemächlicheren Frequenz von bis zu 600.

Die langen Knochen ihrer Finger, die zwischen der Flügelhaut ausgestreckt sind, sehen aus wie Regenschirmspeichen. Die Fledermaus entfaltet die Flügel, ein kleiner affenähnlicher Kopf mit zwei übergroßen Ohren schaut dazwischen hervor, und sie gleitet über die flachen Gewässer. Sie horcht sogar, während sie ihre kurzen, schrillen Schreie ausstößt, wobei sie ihren Kehlkopf und die Stimmbänder ziemlich genauso benutzt wie Menschen. Es sind durchdringende Töne, die von den friedlichen Fischern, die im Fluß mit dem Schleppnetz nach Ködern fischen, nicht gehört werden. Die Utraschalllaute, die die Fledermäuse hervorbringen, haben Frequenzen von 40000 bis zu 100000 Schwingungen pro Sekunde – weit über der Schwelle von 20000, dem Äußersten, was Menschen noch hören können. Glücklicherweise hört *Myotis* den betäubenden Lärm in der Luft nicht, wenn sie ihre hohen, schrillen Schreie ausstößt. Ihr Gehör, das dem menschlichen Ohr ziemlich ähnlich ist, würde taub oder unheilbar beschädigt werden, wäre es einem derartigen Lärmpegel ausgesetzt (Geräuschen, die die Stärke von Propellerflugzeugen oder von fast fühlbarem Donner haben, jeweils wahrgenommen aus großer Nähe). In dem Augenblick, da sie ihre Utraschallrufe aussendet, stoppt ein kleiner Muskel im Mittelohr, mit dem die Natur sie in einem ihrer erstaunlichen Entwicklungsprozesse ausgestattet hat, kurzfristig das Hörvermögen der Fledermaus. Unmittelbar darauf funktioniert ihr Ohr wieder, und sie kann das Echo empfangen und darauf reagieren.

Das scharfe Gehör der *Myotis*-Fledermaus sammelt die Echos ihrer Lautsignale ein, die von einem Nachtfalter, einem Moskito, einem Frosch, dem Zweig eines Baumes, einem Blatt, das auf dem Wasser treibt, zurückprallen. Da sie mit dem Wissen geboren wird, daß Schall in der Luft ungefähr 330 Meter pro Sekunde zurücklegt, kann sie über die Wahrnehmung des Echos Entfernungen bestimmen. Sie horcht auf den Zeitabstand zwischen Ruf und Widerhall, ändert vorsichtig ihre Flugrichtung, bewegt ihren Kopf hin und her und sammelt so Informationen, die den Standort ihres Ziels genau definieren. Eine Fledermaus kann von der Lautstärke des Echos auf die Entfernung des entsprechenden Objekts schließen. Das Echo verrät ihr, wie nah oder wie fern ihr Abendbrot ist. Das Echolotungssystem ist so präzise, daß das Tier eine Mücke, die vielleicht nur Bruchteile von Zentimetern groß ist, in völliger Dunkelheit aus fast zwei Metern Entfernung sowohl entdecken als auch genau treffen kann. Ihr Sonarmelder teilt ihr nicht nur mit, wo sich ihr nächster Imbiß befindet, sondern auch, mit welcher Geschwindigkeit er sich fortbewegt – sofern die Größe des widerhallenden Objekts das

Verspeisen lohnt. Ich habe mir oft gewünscht, Myotis würde sich an heißen Abenden in der Nähe unseres Bootes aufhalten, wenn wir zu Abend essen. Ich weiß, daß sie trotz ihrer geringen Größe bis zu 3000 Moskitos in einer Nacht vertilgen kann. Sie ist ein begehrter Gast, der sich nur leider sehr rar macht. Dabei träume ich von juckfreien, insektenlosen sommerlichen Dämmerstunden.

*

An die Wand über meiner Schreibmaschine habe ich schon vor Monaten, schon bevor ich anfing, über Fledermäuse nachzudenken, die Fotokopie einer *Rhinopoma microphyllum,* einer Fledermaus mit Mäuseschwanz (ich habe sie Phyllis genannt), geheftet. Die arme Phyllis ist da in recht unziemlicher Weise ausgestellt. Ihre kleinen Füße sind weit gespreizt, der lange Schwanz rollt sich baumelnd zwischen ihnen, ihre wunderbaren Armknochen und die langen Finger sind gerade ausgestreckt und halten die rundbogige Flügelhaut. Und was das schlimmste ist, all ihre Teile sind numeriert: ein Akt äußerster Zudringlichkeit der menschlichen Wissenschaft, die die Anatomie von Fledermäusen zu definieren sucht. Phyllis sieht weder richtig wie ein Vogel noch wie eine Maus aus. Eher schon wie mein sieben Wochen altes Kätzchen, das am liebsten auf dem Rücken schläft. Sie sieht so menschlich aus.

Ich habe sie von der Wand genommen, die Zahlen ausgeschnitten und sie wieder ordentlich hingehängt – kopfüber –, und zwar mit Blick auf das Flugsaurier-Haus und ihre Verwandten, die nur Sekunden entfernt sind.

*

Die Erforschung des Zuhörens – wie Lebewesen Töne wahrnehmen und sich in anderer als der Schriftsprache verständigen – ist lange Zeit wenig populär gewesen. Ich weiß nicht einmal, ob sie es heute ist, bedenkt man, wie sie stets mit anderen Wissenschaftsbereichen durcheinandergeworfen wird – wie etwa dem Zuhören als »Lehrgegenstand«, als ein gelerntes psychologisches Verhalten oder als Marketing- und Verkaufsmethode. Ist die Unbefangenheit dahin? Ich lese mit Begeisterung, wie der Abbé Lazzaro Spallanzani 1793 in seinem Laboratorium an der italienischen Universität von Padua fliegende Tiere beobachtete (ich stelle ihn mir pfeifeschmauchend vor), die in der strengen Heiligkeit seiner wissenschaftlichen Kammern umherrauschten. Wenn er dann des Nachts seine Kerzen auslöschte, krachten die Eulen gegen die Wände. Seine Fledermäuse dagegen waren offenbar fähig, im Dunklen zu »sehen«. In einem Raum ohne Licht spannte er Seidenfäden von der Decke zum Boden und überall kreuz und quer. Mühelos fädelten sich seine Fledermäuse in der absoluten Dunkelheit zwischen dem Gitterwerk hindurch. Er schloß daraus, daß die Tiere einen sechsten Sinn besaßen, ein Etwas, das ihnen die nächtliche Navigation möglich machte. Es sollte noch mehr als hundert Jahre dauern, bis im Jahre 1908 ein amerikanischer Wissenschaftler Spallanzanis Theorie bestätigte, daß Fledermäuse in der Dunkelheit vermutlich mittels Zuhören navigieren.

Und fast ebenso lange sollte es dauern, bis man zu der Erkenntnis gelangte, daß taube oder hörgeschädigte Menschen im Hellen »hören« können.

In diesem Augenblick ziehen sieben kleine Schaluppen auf dem Fluß an uns vorüber, jede besetzt mit einem jungen Erwachsenen als Kapitän und einer Mannschaft von etwa fünf bis sechs Kindern (zwischen acht und zehn Jahren). Eine Segelschule bringt ihnen das Verhalten des Windes und die Launen des Wassers bei. Die ganze Woche schon habe ich beobachtet, wie konzentriert sie dem Naheliegenden ihre Aufmerksamkeit schenkten – was lobenswert ist; und doch schaute vor zehn Minuten niemand mit angehaltenem Atem hoch, als ein großer Blaureiher wenige Meter über ihnen dahinflog; niemand sah zu den siebzehn großen Silberreihern am Uferrand hin; niemand schaute sich eine Entenmutter mit ihren zehn Kleinen an, die gestern geboren wurden und nun mitten im Fluß schwammen.

Wie werden sie lernen, diese jungen Segler, daß mehr zum Segeln, zum Leben gehört, als nur steuernd die Ruderpinne zu halten? Werden sie, wenn sie sich demnächst in der einen oder anderen Fertigkeit weiterbilden, auch um sich schauen …, werden sie zuhören …?

Der Morgen ist nicht mehr fern. *Myotis* ist angenehm müde. Träge breitet sie ihre Flügel aus, klappt sie wieder zusammen und durchschneidet die weiche Sommerluft mit ein paar letzten kräftigen Schreien. Fressen ist Arbeit für meine kleine braune Fledermaus. Die ganze Nacht hindurch hat sie kundig technische und mathematische Messungen vorgenommen, hat die Entfernung zwischen sich und den Schallreflektoren errechnet und das Intervall zwischen ihren Rufen verringert, wenn sie spürte, daß das angepeilte Objekt ein köstlicher Happen sein würde. Man hat errechnet, daß die Energie der Schallimpulse, die *Myotis* aussendet, zwanzigmal so stark ist wie die Energie, die ein – aus nächster Nähe zu hörender – Preßlufthammer erzeugt, mit dem Bürgersteige aufgerissen werden. In einem Artikel in *Geo* stand: »Wenn diese Laute nicht in einer für uns nicht mehr hörbaren hohen Frequenz ausgeschickt würden, dann herrschte nachts ein unbeschreiblicher Krach, so als würden Hunderte von hochtourigen Motorbooten die ganze Nacht lang über unseren Köpfen hin- und herkreuzen.«

Myotis schweigt einen Augenblick, sie hängt unsichtbar auf halber Höhe in den schattigen Zweigen eines knapp dreißig Meter hohen Tulpenbaums am anderen Flußufer. Zwei verschiedene Echos aus ihrer akustischen Nahbereichswelt beschäftigen sie. Ein Objekt ist groß und weiter weg, das andere ist winzig und nah und kommt noch näher.

Sie schickt lange Geräuschbündel in die Luft, denn sie spürt einen unerwarteten, ersehnten Nachtisch für ihr nachtlang dauerndes Mahl – eine goldäugige Florfliege. Ob der österreichische Mathematiker und Physiker des frühen neunzehnten Jahrhunderts, Christian Johann Doppler, sich wohl je hat vorstellen können, daß eine kleine braune Fledermaus in einem Baum am Glen Cove Creek im Jahre 1990 jenes Prinzip anwenden würde, für das er berühmt wurde – den Dopplereffekt –, um eine Abendmahlzeit krönend abzuschließen? Der Dopplereffekt – das Verhältnis zwischen Geschwindigkeitsrichtung und Frequenz (von Licht, Radio und anderen Schallquellen) – findet ständig statt. Wenn sich Quelle und Zuhörer einander nähern, verdichten die Wellen sich, die Frequenz scheint höher; wenn sich der Abstand zwischen Zuhörer und Quelle vergrößert, dehnen sich die Wellen, scheinen tiefer im Klang. Die Abstandsveränderung zwischen einer Schallquelle und einem Beobachter, so erklärte Doppler, verändert die wahre Beschaffenheit von Schall- oder Lichtwellen, je nachdem ob die Entfernung zu- oder abnimmt. Diese Erkenntnis ist ein wesentlicher Bestandteil der Schallortung.

Kurz vor Morgenanbruch schlägt die goldäugige Florfliege mit ihren vier gleichartigen Flügeln – zarten, fast durchsichtigen Häutchen, über die sich das Netzwerk ihrer Adern in feinster Strichzeichnung verteilt. Sie glitzert im heller werdenden Licht und wiegt sich in den Schatten, ihre Augen schillern im winzigen Kopf. Als Nachtwesen zieht sie sich zusammen mit anderen Netzflüglern in der Morgendämmerung zurück, sie flattert im Lampenlicht der am Ufer gelegenen Häuser, und ihre gazeartigen Flügel glitzern regenbogenfarben. Sie ist ein Raubtier auf Mitternachtsschicht, und kannibalistisch hält sie nach anderen Insekten Ausschau. Es ist unvorstellbar, daß *Myotis* sie entdecken und exakt lokalisieren wird, denn Goldauge ist nur ein Hauch in der Luft, ihr Körper ist gerade zwei Millimeter lang und ihre Flügelspanne nicht viel breiter.

Ein schneidender, tonloser Gesang zieht durch die feuchte flußnahe Luft. Es sind die keuchenden Stöße von *Myotis*, unhörbare bewegte Luft, die von diesem zierlichen, zarten Zauberwerk abprallt, dem winzigen Florfliegenwesen. Ein sehr spätes Echo würde wegen der Entfernung eine kaum auszuhaltende Vorfreude bedeuten. *Myotis* ist erleichtert, spürt die Nähe der Florfliege. Das Echo kommt schnell zurück. Sie beschleunigt ihre spitzen Schreie von 20 auf 200 Ausschläge pro Sekunde.

Myotis pflückt Goldauge mitten aus der Luft, wirft ihre Beine nach vorne, packt die segelnde Florfliege mit ihrer Hauttasche, schnippt sie sich träge ins Maul, während sie gleichzeitig ihre scharfen Schreie zu einem neuen Etwas schickt, von dem das Echo ihr berichtet hat – etwas, fast unmittelbar unter ihr. Bei ihren Schallortungen ist sie ganz und gar nicht allein. Freunde und Familienangehörige schwirren überall herum, alle beim Freiluft-Abendschmaus.

Aristoteles sagte gutes oder schlechtes Wetter voraus, indem er die Fledermäuse zählte, die er kurz vor oder nach Sonnenuntergang am Himmel sehen konnte. Er schrieb, eine Wolke von Chiroptera bedeute ruhiges, mildes Wetter für die nächsten vierundzwanzig Stunden. Eine vereinzelte oder zwei Fledermäuse kündigten dagegen unbeständiges, stürmisches Wetter an. Er muß gewußt haben, daß Fledermäuse ihre Ruheplätze ungern bei bewegter, lauter Luft verlassen.

Und noch etwas: Wie schaffe ich es, dem schlechten Ruf

von *Myotis* und ihrer Verwandtschaft entgegenzuarbeiten, wie er mir in letzter Zeit deutlich entgegenschlägt, wenn jemand mich fragt: »Woran arbeiten Sie gerade ...?« und ich antworte: »Ich beschäftige mich mit Phyllis ..., also ... das heißt ... mit Fledermäusen.«? Heidnische Gespenster, Vampirinnen lauern über der Wirklichkeit. (Wir wissen nur zu gut, daß Geschichten wirklicher als die Wirklichkeit sind.) »Wenn man alle Fledermäuse nach der Vampir-Fledermaus beurteilt, ist das genau wie früher, als man alle Habichte erschoß, nur weil einer das Huhn gestohlen hat«, hieß es vor einigen Jahren in einem Artikel des *Wall Street Journal.* Derselbe Artikel stellte fest: »... mit der neuen Begeisterungswelle für Spaten und Pflanzschaufel und dem Boom organischer Heimgärtnerei erlebt Guano ein erstaunliches Revival ... Unternehmer kämpfen um die Marktanteile an einem blühenden Geschäft.« Ein anderer Artikel derselben Ausgabe beschäftigte sich mit dem begeisterten Einsatz von Fledermauskot als Dünger für Marihuanapflanzen.

Fledermaus-Guano wirkt offenbar Wunder bei allem, was wächst – schwarze Pfefferkörner, Tomaten usw. –, und im Fernen Osten weiß man schon lange, daß Fledermäuse Glück, Zufriedenheit, Fruchtbarkeit und womöglich auch langes Leben bedeuten. Äsop mochte keine Fledermäuse und nannte sie Wahrheitsveruntreuer (was für ein schöner Euphemismus für Lügner). Könnte es unsere Furcht vor der Dunkelheit sein oder auch die stumme Verständigung der Fledermäuse, die sie ins Reich des Schreckens abschieben?

Meinen Rotfuchs im Schilfgras scheren die unsichtbaren Schallwellen, die von ihm abprallen, herzlich wenig. Während des Passahmahls im vergangenen April konnten wir Rotfuchs beobachten, wie er reglos wie die Steine am Ufer verharrte. Wir sahen das wogende Schilf und das eilige Wasser des Flusses – ein prächtiges Aquarell, das ihn einrahmte. Er wird zu der Müllverbrennungsanlage weiter unten am Fluß wandern, wenn die Suche gegenüber von uns sich als unergiebig erweist. Wir sitzen und schauen zu, die Tür steht offen für Elias.

Wir können uns nicht rühren. Wir erstarren zu lebenden Bildern. Keine fünfzehn Meter trennen uns von einer fremden, wilden Welt. Wir können kaum erkennen, wie er im Unterholz zwischen Gewürzbüschen verschwindet, aber wir sehen dann, wie er wieder auftaucht. Er hält eine riesige Wasserratte zwischen den Zähnen, ihr Schwanz schleift über den Sand, als er in den Schatten unter dem Tulpenbaum eintaucht.

Ich liebe diese Art von Unterhaltung während unseres jährlichen Passahfestes – Zerstreuungen, die ich nicht erst erfinden muß, um das Weinglas für Elias verschwinden zu lassen. Denn verschwinden muß es. Warum aber ein Glas edlen Weins vergeuden ...?

12

»... Geräusch ist notwendig mit der Unruhe der Welt verbunden, mit ihrem Umherschweifen, ihrem freien Spiel – ihrem Fortschreiten und ihrer Lebendigkeit – und mit unserem Umherschweifen in ihr Etwas pocht sich ins Bewußtsein eines Zuhörers, wenn er hört, wie sich eine Hacke in eine Wurzel verbeißt. Andere Geräusche gleiten über das Bewußtsein hinweg, sie reiben an ihm, sie kratzen es an, sie sägen sich in es hinein ...
... Bis zu einem gewissen Grad sind wir durch die Luft mit allem verbunden, was sich mit uns bewegt – als ein einziger schwingender Körper. Denn das Rauschen der Luft ist durch die Geräuschquelle blitzartig zum vibrierenden Zellgewebe geworden.«

David Burrows
Sound, Speech, and Musik, 1990

Es war ein Ritual meiner Kindheit, das bis in meine erste Erwachsenenzeit, bis zu seinem frühen Tod dauerte: Die linke Hand meines Vaters ruhte fest auf meiner Schulter, und seine rechte Hand drückte das Stethoskop an meine Kinderbrust, meine Rippen, meinen Rücken. Häufig legte er dann das Instrument beiseite und hielt sein Ohr an mich. »Atme tief durch ..., Mund auf ..., versuch zu husten ..., noch mal.« Danach sprach er stets mit mir. »Abhorchen der Brust«, sagte er dann. »Ich höre dem Rasseln und Röcheln deiner Lungen zu, denn diese Diagnose sagt mir, ob es dir besser oder schlechter geht als gestern.«

Immer wenn er zu seinen langen Erörterungen ansetzte, wußte ich, daß ich ernsthafter krank war, daß Asthma oder eine Lungenentzündung mal wieder eine Stauung in meinem Brustkorb verursacht hatten. Ich wußte, daß er die Luft mit interessanten Wörtern füllte, um meine Aufmerksamkeit zu wecken, um den Grad meiner Munterkeit, meiner Krankheit zu prüfen. Er sagte, er erfahre eine Menge über mein Herz und meine Lungen, wenn er dem Gerassel in meinem Körper zuhöre und dabei mit einem Finger scharf auf meinen Rücken klopfe. Das Echo, das ihm von jenen luft- oder wassergefüllten Orten entgegenschlug, versorgte ihn mit Anhaltspunkten für eine Einschätzung. Es waren Daten, von denen er auf den jeweiligen Stand meiner zerbrechlichen Gesundheit schloß. Hochtrabende Sätze, unwiderstehliche neue Wörter, merkwürdige Fakten und ein merkwürdiger Verlauf bedeuteten, daß ich noch immer ziemlich krank war. Er ließ mich mit den Wörtern allein, schwerelos und unsichtbar hingen sie in der Luft meines Schlafzimmers. Langsam wie Staub sanken sie in mein Wörterbuch und in eine Ausgabe der *Encyclopedia Britannica* von 1942. Beide lagen neben meinem Bett, und später suchte ich dort nach ihnen. Früh schon wußte ich, daß es mir besserging und ich bald wieder zur Schule mußte, wenn er sein Haupt voll wilder roter Haare wortlos von meiner Brust hob.

Aus der Beobachtung meines Vaters schloß ich, daß ein Arzt zuhört, und zwar nicht nur den rasselnden Eruptionen, die er über das Stethoskop oder sein Ohr empfängt. Im Büro meines jetzigen Arztes, auf dem Fenstersims neben seinem Schreibtisch, steht eine kleine gerahmte Zeichnung, die einen untersetzten, etwas wirr dreinschauenden Mann darstellt (er sieht meinem Arzt recht ähnlich). Er lehnt sich gemütlich in seinen Stuhl zurück, und über seinem Kopf schwebt ein Comic-Wölkchen mit den Worten: »Hörst du auch zu?« »Wenn ich meine Patienten erzählen lasse«, erklärt er mir, »erfahre ich mehr über sie und ihre Bedürfnisse als aus einer spröden Krankengeschichte, ich weiß dann genauer, was ich für sie tun kann ..., also höre ich zu.« Lange bevor ich damit begann, meine Schwester, die Genetikerin, nach Ultraschallaufzeichnungen auszufragen, wußte ich schon über akustische Abtastverfahren in der Medizin Bescheid, ich kannte die Hellhörigkeit von Ärzten für Körpergeräusche und deren Bedeutung.

Mein Vater redete mit mir, während er meinen Rücken abklopfte. Daß er solchen Wert auf das Abklopfen legte – so erklärte er mir einmal –, sei keine Erfindung von ihm oder von Kollegen, die er häufig meinetwegen um Rat bat, sondern er verdanke diese Technik einem anderen Österreicher, der in seiner Nähe geboren sei (zweihundert Jahre früher allerdings), einem Arzt, den vor allem Krankheiten der Lunge und des Brustkorbs interessierten. Um die Mitte des achtzehnten Jahrhunderts stieß Leopold Auenbrugger auf die überlieferten Methoden zur Feststellung des Gärungsgrades von Wein und Bier. Nach altem Brauch klopfte man gegen ein Faß, um festzustellen, wieviel Gas es enthielt. Man horchte auf das Echogeräusch, und ein erfahrener Brauer konnte auf diese Weise sehr genaue Schätzungen anstellen. Vielleicht, so dachte Auenbrugger, ließe sich diese Perkussionsmethode auch in der Medizin anwenden. Es sollte allerdings noch ein ganzes Jahrhundert dauern, bis ein französischer Arzt einen dreißig Zentimeter langen hölzernen, durchlöcherten Zylinder auf die Brust seiner Patienten stellte und auf das Rumpeln ihrer Herzen und ihrer Lungen horchte. Er ordnete die gehörten Geräusche später entsprechenden Krankheiten zu, die er in Autopsieberichten gefunden hatte. Ich war elf und blätterte in meinen Bettkantenbüchern herum, als ich zum erstenmal von René-Théophile-Hyacinthe Laënnecs Erfindung las, dem Stethoskop. Es war so viel interessanter, krank zu sein als gesund und zur Schule gehen zu müssen.

Die Zeit hat sich verdunkelt. Die Bierbrauer, Auenbrugger, Lannec, mein Vater werden zu weit zurückliegenden Vorstufen der heute in der Medizin üblichen Ultraschallanwendung. Dabei handelt es sich um eine moderne Perkussionstechnik, bei der ein Computer auf einem fernsehartigen Bildschirm eine analytische Landkarte aufleuchten läßt. Sie zeigt das Echo der akustischen Impulse an, die über eine Sonde auf der Haut in den Körper geschickt werden. Meine *Myotis* erkundet Größe, Form und Merkmale ihrer Beute ebenso wie deren Entfernung, indem sie Ultraschallwellen aussendet, die als Schwingungen zu ihr zurückkehren – als Bilder, die ihr Ohr zu lesen weiß. Auf ähnliche Weise tastet ein winziges Umwandelgerät, das Hochfrequenzwellen jenseits der menschlichen Hörschwelle ausschickt, die Hautoberfläche ab und wandert durch die flüssigen Bestandteile des Körpers, die ihrerseits ein natürlicher Tonträger sind. Echobilder kehren zum Monitor des Computers zurück und werden in Bruchteilen von Sekunden auf einem Stück Papier zu einer Art Kohlezeichnung aus Linien und Schattierungen: zu Interpretationskunst, die auf das Studium der Meister wartet.

Unhörbare Töne, die Wunder vollbringen. Und dennoch ist selbst in der vermessenden Welt der Wissenschaft eine besondere Begabung erforderlich: das geschickte Lesen/Zuhören.

*

Eine immer noch schöne einundachtzigjährige alte Frau, streitlustig, rege und fast blind durch das Wüten zweier genetisch bedingter Krankheiten, sitzt in einem kleinen Raum neben einer Maschine, die wie ein großes Textverarbeitungsgerät aussieht. Sie kann Hell und Dunkel wahrnehmen. Mit einem Vergrößerungsglas, das sie immer bei sich führt, gelegentlich auch Buchstaben, und, sagt sie: »Vergessen Sie die Farben nicht!« Was der entscheidende, unwiderlegbare Beweis dafür ist, daß sie noch sehr gut hört, noch über ein Restsehvermögen verfügt und kurzerhand die Tatsache leugnet, daß sie vor einer Stunde nicht das große E erkennen konnte, das in einem verdunkelten Raum an die Wand geworfen war. »Ja, ich sehe Farben!« Leidenschaftlich. Eine, die immer das letzte Wort haben muß.

Ich sitze ihr gegenüber in dem kleinen Raum und sehe, daß ihre Lippen sich in lebhafter Unterhaltung mit einem Hornhautspezialisten befinden. Er hat mir seinen Rücken zugewandt. Ich kann nicht sehen, was er sagt. Ich möchte es gerne wissen. Es muß einfach sein. Er weiß, daß ich ihn nicht hören kann ..., aber seine ganze Aufmerksamkeit gilt der sorgfältig frisierten Frau in ihrer extravaganten bedruckten Seidenbluse, die neben einem Ultraschall-Monitor sitzt. Ihr Optimismus und ihre herausfordernde Art dementieren die drohende völlige Blindheit, sie leugnen eine verzweifelte Angst, die, da bin ich ganz sicher, knapp unter der Oberfläche ihrer Worte lauert. Ihr robustes Herz und ihr relativ guter körperlicher Zustand verraten eine grimmige Arroganz, die das verbirgt, worüber sie nicht nachdenken will ... Ihre Unabhängigkeit entgleitet ihr.

Wir halten uns schon seit Stunden in der Augenabteilung dieses riesigen Krankenhauses auf. Verschiedene Ärzte, darunter ein Spezialist für Glaukome, ein Netzhautspezialist und dieser hier, der dabei ist, ihr hinter die verletzte Hornhaut zu schauen, haben ihr ohne jede Hetze ihre kostbare Zeit gewidmet. Sie schließt ihre Augen. Ich höre mit meinen Augen zu und weiß, daß sie eine Frage ihres Arztes beantwortet. Er betupft ihr linkes Augenlid mit einer gallertartigen Substanz. Für ihr rechtes Auge scheint wenig Hoffnung zu bestehen, da es vom grünen Star und der Fuchs-Dystrophie befallen ist (einer Mangelkrankheit der Hornhaut, an der mehrere Mitglieder unserer Familie leiden). Wir hoffen auf eine Hornhauttransplantation an ihrem linken Auge, das nur von Fuchs betroffen ist. Wieviel Sehvermögen gibt es noch hinter der zerstörten Hornhaut?

Der Arzt tippt Botschaften in eine Tastatur, führt eine Sonde dicht an Mutters geschlossenes Augenlid. Grauweiße Bilder erscheinen auf dem Schirm. Nichtschmerzende akustische Impulse wandern als Ultraschallwellen durch die Flüssigkeit von Mutters linkem Auge und kommen als graphische medizinische Aussagen wieder zurück. Das alles dauert nur Sekunden. Noch mehr Tasten werden gedrückt. Schnell wird ein Ausdruck abgeschnitten und auf den wachsenden Stapel von Mutters Augenkrankheitsgeschichte gelegt.

Ein Wunder aus Schall, stillgestellt in der Zeit. In diesem winzigen Raum mit seiner Hochtechnologie-Ausrüstung des späten zwanzigsten Jahrhunderts fühle ich mich plötzlich der 1877er Welt des Thomas Edison verwandt, einer Welt, die seiner verrückten Erfindung, dem Phonographen, lauschte. Ich bin stumm vor Staunen über das Schalldiagramm von Mutters Augeninnerem. Wie verblüfft muß die denkende Welt gewesen sein, als Edison zum erstenmal die fließende Vergänglichkeit von Tönen auf Zinnfolie einfing, sie konservierte und wieder zum Leben erweckte.

*

Als meine Kinder noch bloße Anfänge waren, winzige Wunder in meinem Inneren, habe ich oft mit ihnen gesprochen. Liebstes Kind, sagte ich z. B., die Gänse sind aus dem Norden zurück ..., es ist bald Zeit für dich. Oder: Liebstes Kind, hör nur zu, ich schreibe gerade meine Doktorarbeit über Märchen ..., komm, ich lese dir eins vor. Und das tat ich auch. Da meine Dissertation Grausamkeit in der Kinderliteratur behandelt, haben meine Kleinen sich weit über hundert verschiedene Versionen des Aschenputtel-Themas angehört, außerdem jede Menge Zwergenmärchen – »Blaubart« und das poetische, stille, ganz plötzlich aber unheimliche Märchen vom »Machartdelboom«. Und all das immer wieder unterbrochen von Chopin-Etüden, Mozart-Sonaten und der mathematischen Leichtigkeit von Bachs Konzerten und seinen Klaviervariationen – mit ihrer stets besänftigenden Wirkung, selbst nach dem Grimmigsten von Grimm. Ich wünschte mir, daß meine Kinder, wenn sie erst mal auf der Welt waren, den Mut hatten, sich verschiedensten Gefühlslagen auszusetzen.

Ich habe es nie bereut, daß sie mir zuhörten. Allerdings habe ich sie beim Vorlesen auch nie mit Namen angesprochen und z. B. gesagt: Hör mir zu, Robert! oder: Laura, du verhältst dich so ruhig, du bist wohl fast fertig für die Familienwiege, oder: Janice, ich kann es kaum erwarten, dich in den Armen zu halten. Ich habe nie ihre Namen benutzt und immer nur gemurmelt: »Liebstes Kind«, so wie ich noch heute all meine Briefe überschreibe, die ich ihnen zu jenen weit entfernten Orten schicke, an denen sie heute ihr Erwachsenenleben führen.

Ich hätte nicht Robert, Laura oder Janice sagen können. Vielleicht waren sie ja Rachel, Louis oder Jesse ..., eine andere Auswahl. Rachel und Lauren, Alex und Jenny, seit kurzem meine Großnichten und mein Großneffe, haben solche Ungewißheiten bei ihren Eltern nicht kennengelernt. Eine Fruchtwasseranalyse hat schon bei Halbzeit verraten, wer zu erwarten war.

Die Ärzte lauschen einer ungeborenen Stimme – Geräuschen, die sie nicht vernehmen können. Diese werden durch raffinierte diagnostische Instrumente erzeugt, die Ultraschallechos in sichtbare Botschaften verwandeln. Ultraschall kann, kombiniert mit farbigen Bildern der Blutbewegungen, Tumoren in den Eierstöcken schon im frühesten Stadium feststellen. Und Geburtshelfer schicken Hochfrequenzschallwellen durch das Fruchtwasser, um das exakte Stadium der Schwangerschaft zu bestimmen, um zu prüfen, ob eine Mehrfachgeburt zu erwarten ist, um das Wachstum des Fötus zu kontrollieren und um ihn auf Schädigungen zu untersuchen. Ein winziges, leise rauschendes Umwandelgerät tastet – für uns unhörbar – die Oberfläche des weiblichen Unterleibs ab, kann aber auch, direkt durch die Vagina, den Uterus erforschen. Das Gewebe – der Anfang eines entstehenden Kindes – gibt mittels Empfang und Reflektion der Wellen Auskunft über bestimmte Details, die kaum größer als vielleicht ein oder zwei Millimeter sind. Auf dem Monitor erscheinen Abschattierungen, die durch unterschiedliche Zellstrukturen entstehen, als Übersetzungen einer Sprache, von der wir nur visuell Kenntnis erlangen.

Ein Schalldiagramm legt den Fötus und seine Umgebung in ihren intimsten Einzelheiten bloß. Ein embryonales Auge, einen allerwinzigsten Mund, der gelegentlich an einem Liliputanerdaumen nuckelt. (Die Zeitschrift *Nature* hat kürzlich über eine neue Untersuchung dreier Forscher an der Universität Belfast berichtet. Die Beobachtungen der drei liefern stichhaltige Beweise »für eine Verhaltensasymmetrie bei Embryos – eine Vorliebe für die rechte Hand beim Daumenlutschen«. Ihre Ultraschallbefunde waren eindeutig: »Eine klare Bevorzugung des Daumens der rechten Hand beim Lutschen; nur 12 von 224 [beobachteten Frauen] – 5,4 Prozent – Föten favorisierten die linke.«)

Ach ja …, Hinweise auf derart Persönliches wie die Eigenschaften unserer Hände werden also zum sichtbaren Untersuchungsgegenstand für die Wissenschaft – lange bevor wir selber wissen, ob wir Linkshänder sind, uns somit abweichend verhalten. Gibt eine derart früh festgelegte, signifikante Seitenbetontheit Aufschluß darüber, ob jemand sein Leben eher von logischen oder von schöpferischen Impulsen leiten läßt, ob die linke oder die rechte Gehirnhälfte dominiert? Viele Mitglieder meiner zahlreichen und weitverzweigten Familie sind Linkshänder, viele benutzen beide Hände gleich geschickt (so wie ich). Einige von uns führen ordentliche, logisch strukturierte Leben, andere eine eher schöpferische Wanderexistenz, und wieder andere schwirren in völlig unbegreifliche und unvorhersagbare Richtungen ab. Wie soll man also aus einer pränatalen Daumenlutschneigung bestimmte Rückschlüsse ziehen, wie läßt sich aus solchen Hinweisen eine Theorie zukünftiger Lebenswege ableiten? Wird es eines Tages für werdende Eltern gar keine Überraschungen mehr geben ...?

O doch! Kein noch so wissenschaftlich erforschtes Schalldiagramm kann das Wunder jener ersten grauschattierten Erscheinung verkleinern – diese frühe Ultraschallwiedergabe eines entstehenden Fast-schon-Menschen. »Das erste Bild fürs Album« nennt meine Schwester, die Genetikerin, sie.

Und doch. Trotz all der Details, die schon vorherbekannt sind, ... ein Rätsel, ein Geheimnis, eine Frage. Ein Baby.

*

Es ist heiß, über dreißig Grad, feuchte, schwere Luft hängt über dem Fluß. »Typischer Long-Island-Sommer«, lacht meine Tochter. Wir führen ein Ferngespräch. Sie hält sich auf einer Insel in der Karibik auf, wo sie Veterinärmedizin studiert. Dort ist es so heiß und in dieser Jahreszeit so insektenverseucht, daß ihre Heimatinsel in New York ihr fast schon attraktiv vorkommt. Sie weiß, daß ich an solchen Tagen ziemlich schlapp bin. Ich erzähle ihr, daß ich gerade zu Forschungszwecken an einem Wodka mit Tonic nippe.

Ich bin eine Archäologin, die nach Geräuschen gräbt, die ihren Ursprung, ihre wundersamen Manifestationen – seien sie offenkundig oder verborgen –, ihren Anfang, ihre Mitte, ihre unhörbare Reichweite erforscht. Bei meinen Untersuchungen im Reich der Ultraschallschwingungen und -wellen jenseits menschlichen Hörvermögens entdecke ich, daß eine der industriellen Anwendungsmethoden von Ultraschall auch das Schäumen von Getränken betrifft. Mit Kohlensäure versetzte Getränke sind später nie mehr so perfekt und so köstlich wie beim ersten Schluck nach dem Öffnen. Deshalb kaufe ich Tonicwasser und Selters lieber in kleinen Flaschen als in sparsameren großen. »Der Luftinhalt«, so heißt es in einer der Arbeiten meines Ehemanns über Maschinenbau, »der die Lebensdauer von kohlensäurehaltigen Getränken bestimmt, wird dadurch verringert, daß der Flaschen- oder Büchseninhalt vor dem Verschließen aufgeschäumt wird.« Die dafür erforderliche Ultraschallenergie ist minimal. So entsteht also jenes anregende, berauschende Gefühl, wenn man nach dem Öffnen den ersten Schluck gepreßten Kohlendioxids zu sich nimmt. Danach dringt Luft in die geöffnete Flasche, die nicht nur den Rest des Getränks verdünnt, sondern auch nach und nach die Wirkung jener Prozedur abschwächt, die die belebende Kraft jenes ersten Schlucks erzeugt hat. Die aus einer Prise Ultraschall destillierte Erfrischung ist dahin (das Getränk ist flau …).

Ich erzähle meiner weit entfernten Kleinen, daß ich nie mehr einen Wodka-Tonic trinken werde, ohne an die Curies zu denken, womit ich an ihre wissenschaftliche Neugier appelliere, und sie fragt auch sofort nach. Es waren Pierre und sein Bruder Jacques, die den Grundstein für die Erforschung von Ultraschall und seine Anwendungsmöglichkeiten legten: 1880 beschrieben sie das Phänomen der Piezoelektrizität und machten so den Weg frei für die zukünftige Geschichte des Ultraschalls.

Piezoelektrizität – die Vorsilbe stammt vom griechischen *piez (ein)*, pressen – ist ein Verfahren zur Erzeugung von Elektrizität oder elektrischer Polarisation durch Druck auf nichtleitende Kristalle wie Quartz, Zucker, Rochellesalz (Weinsäure), Kalamin (Zinkspat), Topas, Turmalin, Borazit, Natriumchlorid (Kochsalz) oder Zinksulfat. Beim Zuhören in seinem Labor beobachtete Pierre Curie eine elektrische Reaktion (ein wissenschaftliches Zuhören, mit Instrumenten beobachtet) – eine Reaktion, die immer dann stattfand, wenn ein Kristall, wie etwa Quartz, unter Druck gesetzt wurde. Er sah auch, daß das Gegenteil geschah –, daß der Kristall sich beim Anlegen einer elektrischen Spannung zusammenzog oder ausdehnte und so in Schwingungen versetzt wurde. Es entstanden Schallwellen, die derart schnell waren, daß sie für das menschliche Ohr unhörbar blieben. Curie hatte eine Methode zur Erzeugung von Ultraschallschwingungen entdeckt. Bestimmte Kristalle waren in der Lage, Töne auszusenden und Töne zu empfangen im Schall- und im Utraschallbereich. Die meisten Geräusche bewegten sich außerhalb der Reichweite des menschlichen Ohrs.

Die Übertragung von Geräuschen geschieht nur über das in Schwingung versetzte Stäubchen, nur über das Körnchen. Seine definierbare Quantität und Qualität, seine innere Architektur sind es, die die Bildung und die Gestalt einer akustischen Welle bestimmen. Alles an dem erzeugten Geräusch ist einzig abhängig von der Beschaffenheit des Mediums, durch welches das Geräusch sich bewegt, vor allem von seiner Elastizität.

Der piezoelektrische Effekt war schon lange bekannt, bevor die Brüder Curie mit ihren Experimenten begannen.

Wissenschaftler hatten schon früher bei der Erhitzung von bestimmten Kristallen elektrische Aufladungen beobachtet; doch vor den Entdeckungen der Curies waren die Erklärungen der Piezoelektrizität und ihrer Nutzungsmöglichkeiten widersprüchlich geblieben. Erst Jacques und Pierre benutzten die mageren Kenntnisse über Kristalle, vor allem über Quartz und Turmalin, und schlossen daraus, daß diese Materialien sich veränderten, sich ausdehnten oder zusammenzogen, je nach der Ausrichtung des elektrischen Feldes, in das sie gestellt wurden. Am wichtigsten dabei war die Resonanz, die sofort entstand und manchmal tatsächlich eine Milliarde Schwingungen pro Sekunde erzeugte. Piezoelektrische Kristalle konnten also, indem sie Tonschwingungen aussandten, sowohl als Geräuschquellen wie auch als Geräuschempfänger benutzt werden. Je nach ausgeübtem Druck sowie der Zusammensetzung und der jeweiligen Eigenschaften des Kristalls konnten diese Töne sich vom menschlichen Hörbereich bis in die weiten Sphären jenseits unserer Hörfähigkeit bewegen, d. h. bis hin zu den Ultraschall-Hochfrequenzen.

*

Oh, welch ein Zuhören dort draußen!

Man denke nur an die elektronische Resonanz, die kurz nach dem Bau der Londoner Royal Festival Concert Hall im Jahre 1951 auftrat. Es wurde bald deutlich, daß die Nachhallzeit (die Zeit, die es braucht, bis solche Töne verklingen) für Niederfrequenzen zu kurz war. Elektronische Resonatoren wurden unter der Decke angebracht und erhöhten die Nachhallzeit. Das Verklingen der Töne entsprach jetzt eher den Absichten der Komponisten und der Musizierenden.

In den 1880er Jahren allerdings erschien die Entdeckung von Pierre und Jacques Curie eigentlich nur zur Erklärung bestimmter wissenschaftlicher Widersprüche und Merkwürdigkeiten von Nutzen, die bis dahin unverständlich gewesen waren. Bis zum Ersten Weltkrieg blieb die industrielle Nutzung der Piezoelektrizität eine Zukunftsvision. Dann aber hatte Paul Langevin, ein Physikstudent von Pierre Curie, den Einfall, piezoelektrische Kristalle zur Lokalisierung feindlicher U-Boote einzusetzen. Er experimentierte mit Unterwasserschall und benutzte dafür Curies Methode zur Erzeugung von Hochfrequenzschallwellen.

Curie hatte vorgeführt, wie man solche Wellen auffängt; er hatte gezeigt, daß das um so einfacher wurde, je kürzer die Schallwellen waren. Auf diese Weise entstanden Ultraschallschwingungen, die z. B. in unzugängliche Wasserbereiche eindringen konnten. Als Langevin 1915 in seinem Labor herumbastelte, entdeckte er das, was er *Sonar* nannte (ein Akronym für *sound navigation and ranging,* Navigation und Ortung mit Schall). Es handelte sich um ein Echolotsystem, von dem ihm *Myotis* hätte erzählen können (wenn die Verständigung zwischen ihnen möglich wäre ...).

Paul Langevin hörte im innersten Heiligtum seines Labors den explodierenden Kristallen zu und betrachtete Sonar anfangs vor allem als eine Methode, mit der Schiffe mögliche Eisberge orten konnten. 1917 hatte er diese Technik fertig entwickelt. Sie kam allerdings erst nach dem Ersten Weltkrieg zum Einsatz. Das deutsche Schiff *Meteor* benutzte während einer Expedition im Jahre 1922 Sonar und entdeckte dabei die Atlantische Schwelle. Eine bemerkenswerte Markierung und ein Meilenstein in der Geschichte der Ozeanographie. Bei den Verantwortlichen der Schiffsexpedition rief diese Entdeckung allerdings leider keine Begeisterung hervor. Denn ein gezieltes Studium der Unterwassergeographie war nicht vorgesehen. Die *Meteor* war in einer anderen Mission, mit einem gewaltigen anderen Auftrag unterwegs, der allerdings erfolglos bleiben sollte. Und zu diesem Zweck führte sie eine komplette Sonarausrüstung zur Tiefenmessung mit sich. Die *Meteor* sollte Gold vom Grunde des Ozeans bergen. Gold, das in Schiffen lagerte, die die Deutschen systematisch versenkt hatten, da es von der deutschen Regierung zur Bezahlung von Kriegsschulden vorgesehen war. Im Zweiten Weltkrieg forderte die französische Marine Paul Langevin während der kritischen Monate zwischen März und April 1940 dazu auf, seine Kenntnisse und Forschungsverfahren mit Ultraschalltiefenuntersuchung praktisch einzusetzen. Mit dem Ziel, jene deutschen U-Boote aufzuspüren.

Konnte Langevin ahnen, daß Sonar die Meereswissenschaft vollkommen verändern, ja, sie revolutionieren würde? Daß die unvorstellbaren Tiefen der Ozeane viel von ihrem Geheimnis verlieren würden? Daß Jahrzehnte später sogar ich ein sehr viel weniger ausgetüfteltes Ultraschallgerät – einen Fischdetektor – benutzen würde, um die wilden Bewegungen der Blaubarsche zu beobachten? Im späten Frühling gleiten sie durch den Fluß und berühren kaum die Wasseroberfläche. Nur manchmal schießen sie in wilden, sehnsüchtigen Sprüngen darüber hinaus. Die, die man sieht, bilden dabei immer nur die Spitze des Eisbergs: In jeder Tiefe wimmelt es im Fluß von Fischen.

Es sollte dann noch fast zwanzig Jahre dauern, bis diese Schallwellen auch auf dem Gebiet der Medizin angewendet wurden. In den späten 50ern war es Dr. Ian Donald, der als erster Arzt Ultraschall benutzte, um ein ungeborenes Kind zu untersuchen. Das war irgendwo in den wilden Bergen Schottlands.

Piezoelektrische Kristalle, die Schall- und Utraschallwellen produzieren, begleiten unser Leben in vielerlei Hinsicht. Man denke nur an die Stabilisierung schwankender Frequenzen von elektromagnetischen Schaltkreisen für Radiostationen. Und ein Erfinder-Fabrikant, den ich vor einem Monat bei einer Essenseinladung kennenlernte, erzählte mir, daß moderne Kriegsflugzeuge gar nicht ohne Ultraschall konstruiert werden könnten. Es bedarf hochraffinierter Geräte, damit die riesigen Bauteile aus Titan ihre jeweilige besondere, komplizierte Form erhalten. Nur ein Ultraschall-Schneideinstrument kann Metall mit der erforderlichen Präzision durchtrennen. Das Schneidegerät wird dabei durch Ultraschallschwingungen angetrieben, die den Schneidevorgang im Metall lenken. Das Schneiden selber geschieht durch Kavitation – das explosionsartige Platzen von Blasen –, die die Durchtrennung des Materials herbeiführt. Ein ultraschallgelenktes Schneidegerät versetzt eine Flüssigkeit, die über Metall fließt, in Schwingungen, sie läßt Blasen im Moment der Berührung platzen und produziert eine schnelle, saubere Schnittkante. Wenn eine Zahnarztassistentin die Zähne eines Patienten mit einem bohrerartigen Instrument reinigt und dabei Wasser in seinen Mund spritzt, dann benutzt sie ein Gerät, das nach denselben Prinzipien wie beim Flugzeugbau funktioniert. Das Reinigen selber geschieht wieder per Kavitation. Jeder kann Kavitation beobachten, wenn Wasser zum Kochen gelangt. Und um dasselbe Phänomen handelt es sich, wenn man Champagner trinkt und sein eruptionsartiges Moussieren beobachtet.

In sämtlichen Hörbereichen ist die Fortbewegung der akustischen Wellen von der Schwingung der Teilchen in dem Medium abhängig, durch das die Welle geschickt wird. Die Elastizität des Mediums, d. h. seine Fähigkeit, sich auszudehnen und zusammenzuziehen, legt fest, wie jedes Teilchen dieses Mediums reagieren wird, wie es sich in seiner Mini-Umlaufbahn bewegt und wie es, wenn die Schallwellen hindurchgegangen sind, wieder in seinen unbewegten Zustand zurückkehrt. Wenn mein Ehemann Harvey ein altes Elektrizitätswerk begutachtet, das saniert werden soll, benutzt er piezoelektrische Aggregate – Ultraschall-Umwandler –, die elektrische Energie aufnehmen und in akustische Energie umwandeln. Auf diese Weise läßt sich die Dichte alter Leitungen prüfen, oder es lassen sich Risse im Metall feststellen, die sonst nicht zu erkennen wären. Unhörbare Schallwellen bringen gealterte Teilchen zum Schwingen, und das Ergebnis gibt dem Ingenieur Auskunft über den jeweiligen Abnutzungsgrad des Materials. Harvey hört Objekten zu, die mir völlig gleichgültig sind ..., doch wie wunderbar ist es, wenn man erfährt, bis in welch absonderliche Gegenden das Zuhören reicht. Ich kann mir nicht vorstellen, daß es interessant und aufregend ist, einer alten, unterirdischen Leitung zuzuhören. Harvey kann das. Zugehört wird überall.

Ultraschall – Schallwellen von hoher Intensität – wird, je nachdem, was man damit vorhat, auf zwei Weisen angewendet. Wellen mit niedrigen Amplituden (dabei werden weniger Energie und weniger Lautstärke ausgeschickt) werden zur Materialprüfung benutzt. Probleme der Struktur, wie Risse und Fehler im Material, werden geortet, und die Dichte des Materials läßt sich feststellen – alles Dinge, die dem Auge des Ingenieurs gewöhnlich verborgen bleiben, und allesamt werden sie mit Hilfe eines Umwandlers ans Licht gebracht, der elektrische Impulse über eine Flüssigkeit in das Prüfobjekt schickt. Fabrikationsfehler und Abscheidungen werden so ermittelt; Durchlässigkeit, mangelhafte Verschmelzung unterschiedlicher Materialien – wie Plastik, Glas, neuer oder alter Beton, Steingut –, all das läßt sich begutachten, da man weiß, wie Ultraschallschwingungen auf das entsprechende Medium reagieren. Ich lausche diesen erstaunlichen Entdeckungen jeden Abend, wenn wir unter freiem Himmel essen und Harvey mir seine Tageserlebnisse erzählt: Nachtreiher kämpfen derweil um Sitzplätze auf den bevorzugten Felsen am Flußufer und stoßen dabei markerschütternde Schreie aus, die ich nicht hören kann. Von Harveys Ultraschalluntersuchungen wären die Curies gewiß entzückt. Ich erzähle ihm auch, daß sie überglücklich sein würden, wenn sie wüßten, was für erstaunliche Möglichkeiten Ultraschallwellen mit niedrigen Amplituden für die medizinische Diagnose bieten. (Ihre Nutzung bei der Einbruchssicherung würde sie gewiß nicht so begeistern ..., hatte man um 1880 schon derartige Vorsichtsmaßnahmen nötig?)

Ultraschall mit hohen Amplituden (Wellen mit stärkerer Energie und größerer Lautstärke) werden bei Reinigungsprozessen, beim Bohren, beim Löten und Schweißen angewendet sowie bei einer Vielzahl biologischer und chemischer Prozeduren, einschließlich der medizinischen Lokalisierung und Therapie. Wieso Reinigung? Schmutzverkrustete Gegenstände werden in ein mit Ultraschall in Bewegung versetztes Bad eingetaucht und erodieren auf diese Weise (dieses Verfahren wird allerdings nur bei Maschinen angewandt, nicht bei Frauen [oder Männern], obwohl meine Quelle in dieser Hinsicht nicht eindeutig ist). Die Sonarortung von Gegenständen unter Wasser ist eines der ältesten Anwendungsgebiete für Ultraschall, wobei die Echogeschwindigkeit und der Dopplereffekt benutzt werden (ach, *Myotis,* ... du hast all dies längst gewußt).

Pierre Curies Untersuchungen führten ihn – wie es hartnäckiges Studium immer tut – in immer abgelegenere Regionen der Mathematik und Physik. Hätte er sich, derart abgetaucht in sein Labor (den Ort, der fast ausschließlich zu seiner persönlichen Welt und der seines praktischen Lebensunterhalts wurde), je die technologischen Anwendungsmöglichkeiten vorstellen können, die sich aus seinen Forschungen ergaben und die das Denken der 90er Jahre beherrschen? »Ultraschall«, so heißt es in einem Artikel der Zeitschrift

Forbes (April 1990), »ist der allerjüngste Arbeitsplatz ..., ein Geschäft mit einem Umfang von an die 700 Millionen Dollar.« Oder die Erforschung von explodierenden Gasblasen, die Wissenschaftler an der Universität von Illinois in Atem halten? Sie benutzen »Ultraschall bzw. Töne, die weit über das menschliche Gehör hinausreichen, um ... verwirbelte Mikro-Umgebungen zu erzeugen.«

Vielleicht hat Pierre seinen englischen Zeitgenossen, Sir Francis Galton, gekannt, der heute nicht so sehr als Meteorologe bekannt ist (seine Veröffentlichung aus dem Jahre 1863 ist immer noch Grundlage vieler heutiger Wetterkarten) und auch nicht wegen seiner Vererbungsstudien und der Entdeckungen auf dem Feld der Eugenik (die viel von den Ansichten seines Cousins, Charles Darwin, übernahmen), sondern als der Erfinder der Galton-Pfeife. Sie ist wahrscheinlich das erste Gerät, das Ultraschall einsetzte. Die Pfeife entläßt einen hohen, schrillen Ton, der von Menschen nicht wahrgenommen wird und nur für die Hundewelt existiert. Erzeugt wird er durch einen Strahl von Hochdruckluft, die durch einen winzigen Spalt aus geschliffenem Metall gepreßt wird. Sir Francis Galtons Grundentwurf hat sich in den modernen Ausführungen kaum geändert. Die Pfeife produziert stumme Signale für Hunde, die auf unseren Grundstücken herumspazieren oder Schafe hüten oder ihren Dienst bei Sicherheitspatrouillen tun. Das Geräusch ist für Kreaturen, deren Gehör empfänglich dafür ist, sehr durchdringend, aber gnädigerweise für unsereins unhörbar. Galtons Pfeife ist klein und kann mit der Hand bedient werden. Man muß nur einen Zerstäuberballon drücken, den man in der Jackentasche hält, und erzeugt so ein Hochfrequenzgeräusch. Die Unkompliziertheit dieser Energiequelle hat eine Vielzahl von Pfeifen und Sirenen entstehen lassen. Zu Beginn des 19. Jahrhunderts benutzte Julius Hartmann für seine Geräte einen Luft-(und Gas-)Strahl, um akustische Wellen zu erzeugen. Ein abgewandeltes Hartmann-Modell setzt Ultraschallfrequenzen ein, mittels derer das ferngesteuerte Öffnen von Garagentüren bewerkstelligt wird.

Vor wenigen Jahren (*New York Times*, 10. September 1990) las ich, daß »immer mehr Kraftfahrer auf Pfeifen, Spiegel und andere Hilfsmittel zurückgreifen, um einer wachsenden Gefahr im Straßenverkehr zu begegnen: dem Wild«. Alle möglichen Abschreck- und Warngeräte werden der Öffentlichkeit angeboten – »Fernfahrern, Autobahnsicherheitspersonal, Wildhütern«. Sie sollen die (wegen der schnell wachsenden Rotwildpopulation stets gegenwärtige) Gefahr begrenzen, daß freilebendes Rotwild vor ein Fahrzeug springt. Pfeifen scheinen am geeignetsten zu sein; der Staat Colorado hat allerdings Highways untertunnelt, damit das Rotwild auf die andere Straßenseite gelangen kann. Und haben die Tiere ihren Wie-komm-ich-auf-die-andere-Straßenseite-Test bestanden? Sie sind an offenes Land, an die Wildnis gewöhnt und nicht ans Eingepferchtsein. Deshalb ist man dabei, Alternativen für Kraftfahrer zu entwickeln, die nicht mit einem Reh zusammenstoßen, es dabei töten und ihrem Pkw bzw. Lkw größeren Schaden zufügen wollen (womöglich reizt sie noch nicht einmal die unerwartete Aussicht auf ein Abendessen – Wildbret, kulinarisch zubereitet). »Mehr als zwanzig Firmen haben kleine Ultraschallpfeifen auf den Markt geworfen, die an den Stoßdämpfern von Autos oder Lastwagen angebracht werden und in kurzen Abständen einen schrillen Ton aussenden. Die Pfeifen ..., die für Menschen unhörbar sind, sollen das Rotwild erschrecken und es von der Straße fernhalten. Skeptiker meinen allerdings, daß es nicht funktioniert.«

Ein solches Gerät, das von einer Firma im Staat New York hergestellt wird, kostet etwa fünfundzwanzig Dollar und »funktioniert mit Luft, die in einer Geschwindigkeit von mehr als fünfzig Kilometern pro Stunde durch einen kugelförmigen Hohlkörper von fünf Zentimeter Durchmesser saust und einen Ton aussendet, von dem die Firma behauptet, er könne von einem Tier gehört werden, das bis zu vierhundert Metern entfernt ist.« Die Zahl der Karambolagen, so die Firma, habe daraufhin abgenommen und die Staatspolizei von Kansas, Iowa und Kalifornien dazu veranlaßt, ihre Streifenwagen mit diesen Wild-Abschreckungs-Ultraschallpfeifen auszurüsten.

Es funktioniert nicht immer. »Wir fanden heraus, daß Rotwild die Pfeifen nur auf gerader Strecke hört«, sagte ein Sprecher der kalifornischen Highway-Patrouille. Ein Streifenwagen, der um eine Ecke biegt, verliere plötzlich seine Rotwild-Zuhörerschaft. Und einige Rehe waren auch auf gerader Strecke so schlau, sich hinter Bäumen zu verstecken.

Überall wird zugehört. Man denke nur an die Versuche, die unternommen worden sind, um Vögel durch Hochfrequenztöne abzuschrecken. Es stimmt schon, Stadtväter (sowie tote Architekten, die sich in ihren Gräbern umdrehen) sind über das Ausmaß des Schadens entsetzt, den der Kot der fliegenden Geschöpfe am Mauerwerk von Gebäuden anrichtet, wenn sie dort schlafen oder ausruhen. Und selbstverständlich müssen die Fluglandebahnen von Vögeln, die dort Rast machen wollen, freigehalten werden. Cockpitgehäuse, Propeller und wer weiß was noch alles können folgenschwer zerstört werden, wenn Vögel frontal gegen Flugzeuge mit ihrer heute üblichen ungeheuren Geschwindigkeit prallen. Oder man denke an schlafende Seevögel, die häufig startenden oder landenden Wasserflugzeugen in den Weg geraten. Ultraschallsirenen beschallen also ein von Vögeln okkupiertes Areal mit lautem Krach aus Lautsprechern, die den Hochfrequenzschall bündeln. Anfangs sind die Vögel ziemlich irritiert, und einige fliegen fort. Aber Vögel sind wendige Kreaturen, sie kehren schließlich doch wieder zurück und nehmen ihr klingendes

Territorium erneut in Besitz. Sie finden sich mit der Schalleinmischung ab, gewöhnen sich daran und blenden – nach einer ersten Periode der Beunruhigung – die Störung einfach aus. Wie menschlich!

Was hätten Pierre und Jacques Curie und ihre Mitarbeiterin bei den physikalischen Forschungen, Pierres Ehefrau Marja (Marie) Slodowska, wohl von folgender Anzeige in der *New York Times* gehalten? Darin wird die neueste Technologie beschrieben, mit der man sein Heim und seinen Arbeitsplatz von »Mäusen, Ratten, Kakerlaken, Fledermäusen, Fliegen, Spinnen und anderen Plagen« freihalten kann, die »einem das Leben schwermachen«. Eine Maschine (für nur 69.95 Dollar) sendet »einen fürchterlichen Ultraschallheulton aus, der für Menschen und Haustiere nicht zu hören ist, aber für Schädlinge wie eine anfliegende Boing 747 klingt ... und ihr Nervensystem derart zerrüttet, daß sie ihr Heim innerhalb weniger Wochen verlassen werden – auf immer ..., kein Gift, keine Schweinerei.« Die Höhe – d. h. die Lautstärke – ist verstellbar, so daß sie sich auch gegen größere Ärgernisse, wie Waschbären, Tauben, Kaninchen und Rotwild, richten läßt.

Mit einem gebührenfreien Anruf erbat ich mir eine umfassendere Beschreibung dieses modernen Wunders, das angeblich für Schädlinge eine »feindliche Umgebung« schuf. Offensichtlich ist das Geräusch unter bestimmten Umständen für Menschen doch hörbar: »... es empfiehlt sich, den Gebrauch dieses Geräts in der Nähe von Menschen zu beschränken, da die Geräusche lästig sein können.« Der schrille Ton, der zur Abschreckung von Vögeln, Rotwild, Kojoten, Waschbären und anderen wildlebenden Tieren entwickelt wurde, »sollte in der Nähe von Menschen oder in städtischen Wohngegenden nur in beschränktem Maße eingesetzt werden«. Gesonderte Kapitel geben Ratschläge gegen eklige Nagetiere, Kakerlaken, Insekten, Spinnen, Fledermäuse, Fliegen und eine ganze Reihe anderer fliegender Belästiger, die trotz geschlossener Türen und Fenster ihren Weg ins Haus finden. Sie quetschen sich durch Fensterritzen, Fliegengitter oder andere unzulängliche Abschottungsvorrichtungen. Die Broschüre rät, man solle sich keine weiteren Gedanken über ihre Beseitigung machen, denn mit dem zu erwerbenden Gerät werden sie »physisch ausgelöscht oder vertrieben ..., sie werden in ein bis zwei Tagen an Wasserentzug sterben.«

Ein wunderbares, kompliziertes Spinnennetz mit seinem raffinierten Muster verbindet mein Hausboot im Augenblick mit dem Pier. Ein Netz, das sich in den letzten zwei Wochen ständig weiterentwickelt hat (mit hin und wieder gefangenen Fliegen oder anderen winzigen Insekten). Es hat sogar das heftige Gewitter in der vergangenen Nacht überstanden, das ganze Bäume umgelegt hat. Die geschickte Spinnerin taucht morgens auf, nippt am Frühtau und bedenkt ihr Tagewerk. Was würde ein Ultraschallstoß wohl in ihrem zarten, ideenreichen Nerven-Netzwerk anrichten?

Waschbär und seine Sippe kommen abends herübergeschwommen und wären eine Plage, wenn wir so nachlässig wären und unsere Abfalltüten nicht in die im Bootshafen aufgestellten Tonnen werfen würden. Ihn mit einem elektrischen Strahl betäuben? Da er doch immerhin für das Hinscheiden meiner geliebten Precious verantwortlich ist, einer ziemlich großen, etwas beschränkten Katze? Er ist einfach ein Teil der natürlichen Welt.

Und *Myotis* – die Abende von ihrem Umhergeflatter befreien? Die Feldmäuse daran hindern, daß sie im frühen Herbst im Dachgesims meines Hausboots ihr Nest bauen? Und die Kakerlaken – sie richten sich allerdings nicht häuslich ein, da das Leben auf dem Wasser ihnen nicht gefällt (oder ist es die Anwesenheit von zu vielen Mäusen und Katzen?).

In der Anzeige der *New York Times* für dieses Ultraschall-

Abschreckmodell werden einem zwei Geräte für den erstaunlichen Preis von 139.90 Dollar angeboten (exakt das Doppelte vom Preis für eines). Und ein drittes ist umsonst, mit den Empfehlungen des Herstellers.

Mit der Post schicke ich meiner Kleinen für ihr derzeitiges Inseldasein lauter Dosen mit einem Anti-Insekten-Mittel – einem Benebelungsduft, der Gliederfüßler, Spinnentiere, Vielfüßler, Hundertfüßler, Tausendfüßler auf Abstand hält und einen für sie vollkommen unattraktiv macht. Nichts Tödliches. Wenn das Mittel wirkt, hält es Geschöpfe mit zarten Flügeln fern von meinem Kind mit der zarten Gestalt. Es betäubt die kurzen Leben nicht bis zur völligen Reglosigkeit und besiegt nicht die Natur – ein Insektenleben ist ohnehin nur von so kurzer Dauer. »Schick mir Tonnen davon«, lautete der Auftrag meiner Tochter, da sie die Insel in der Insektensaison besuchte. Und mir fiel wieder ein, wie sorgfältig und geschickt sie die Milben aus den Ohren meiner sechs Katzen gesammelt hatte, bevor sie gefahren war. Und sie hatte noch ein paar der Tierchen für eine nächtliche Untersuchung unters Mikroskop gelegt. Ich weiß, was sie über meine Weberin, die Spinne, in ihrem fortwachsenden Netz denken würde. Ich weiß, sie wird es verstehen, wenn ich ihr erzähle, wie vorsichtig ich die Leinen auf dem Schiff wieder neu vertäue, solange dieses Kunstwerk noch existiert. Im letzten Jahr hat sie in einem einsamen Augenblick eine Kontaktanzeige in ihre Heimatzeitung im Westen gesetzt und die sechs Zuschriften mit: »... Ich hupe für Kühe ...« beantwortet.

13

»Einmal ... fragte meine Mutter mich, ob die gelbe Tulpe einen eigenen Klang besaß. Ich konnte ihr nicht erklären, daß Farben tonlos sind; sie schien überzeugt, daß Farben mit Geräuschen verbunden sind. Also sagte ich ihr, daß Rot laut wie ein Sommersonnenuntergang war, daß Schwarz wie ein Donnerschlag dröhnte, daß Blau wie kühl rinnendes Wasser klang ..., daß Purpur den Klang von Trauben besaß, daß Silber sich wie ein Mondaufgang anhörte, daß Rosa wie Rot klang, nur ohne den Zorn. Sie wollte wissen, was mit Gelb sei ... Ich sagte ihr, daß Gelb wie die sanfte Morgensonne klingt, die das Wintereis fortschmilzt.«

Ruth Sidransky
In Silence, 1990

Jemand nicht sonderlich Berühmtes sagte einmal: »Wissen Sie, was ein Experte* ist? Also, *X* ist das mathematische Zeichen für das Unbekannte, und *spurt* ist ein Wassertropfen unter Druck; ein *X-spurt* ist deshalb ein unbekannter Tropfen unter Druck.« Der Redner, ein Mann, der sehr schlecht hören konnte, beschrieb einem hörenden Publikum seine täglichen Wahrnehmungen (bzw. ihr Fehlen). Schwerhörigkeit

* Dieses Wortspiel ist nur im Amerikanischen verständlich: *expert* klingt genauso wie das Unsinnswort *x-spurt.*

verleiht eine gewisse Autorität. Wir werden zu X-spurts, zu Eck-sperrten von Stille und Krach, von Schweigen und Lärm. Wenn wir ein Hörgerät tragen, leben wir mit beidem. Beidem? Ja – ein beschädigtes Gehör führt zu eingeschränkter Verständigung. Und sie führt zu einem neuen Bewußtsein von Lärm.

Das Leben in unserer technisierten Welt ist ein Leben mit dem Getöse, dem Tumult, dem Lärm, dem ständigen Krach mechanischer Maschinen, mit dem Dröhnen von Flugzeugen über unseren Köpfen, mit dem Hupen und Quietschen des Verkehrs und mit dem Überschreien von Radiogejaule oder vielstimmigen Unterhaltungen in überfüllten Räumen. Lärm ist überall. Nur zu oft kann man ihm nicht entkommen.

Das Fast-einundzwanzigste-Jahrhundert-Wesen – sei es Mann, Frau oder Kind – ist so an die Vibrationsstörungen in der Luft gewöhnt, die sowohl angenehme wie schmerzende Geräusche produzieren, daß es diese Störungen (Geräusche) meist gar nicht richtig »hört«. Sie werden von unserem Gehirn nur als »vorhanden« registriert. Wir sind in der Lage, in einem fahrenden Wagen über das Brausen der Klimaanlage und das Plärren leerer Musik hinweg eine Unterhaltung zu führen. Oder in einem Restaurant mit schlechter Akustik und einem verstimmten Klavier, auf dem phantasielose Musik geklimpert wird. Oder in einer U-Bahn, die durch unterirdische Tunnel donnert, während die Räder unter unseren Füßen hämmern. Kettensägen, Rasenmäher, Rockmusik, Stereoanlagen, Haushaltsgeräte, Musik aus Lautsprechern und das Fernsehen sind zur normalen Hintergrundsymphonie unseres Lebens geworden.

Um zu überleben, löschen wir den Hintergrund. In der U-Bahn hören wir nur das Geräusch der Leute, gegen die wir im Berufsverkehr gequetscht werden. Das Hämmern des Zugs verschwindet. Auf einer Party haben wir nur für die Person, die neben uns an ihrem Cocktail nippt, ein Ohr. Die anderen Dutzend Gespräche im Raum, die die Dezibelstärke in schwindelnde Höhen treiben, bleiben unbemerkt.

Das Umgekehrte geschieht ebenfalls. Wir sind so daran gewöhnt, Lärm auszuschalten, daß wir vergessen, auf etwas zu horchen, das wir hören wollen. Morgens dreht man das Radio an, um den Wetterbericht zu hören. Zuerst erfährt man, wer vergewaltigt, geschlagen, verbrannt, ermordet, ertränkt, entführt, gekidnappt ... oder was auch immer wurde. Wenn dann der Wetterbericht kommt, hört man ihn nicht. Man hat das Zuhören ausgeschaltet.

Nicht so jedoch die hörgeschädigte Person mit Hörgerät. Wir kennen es alles, das Schweigen und das Getöse. Wir sind Eck-sperrten. Viele der zarten Schwingungen der Luft, die Geräusch heißen, entgehen uns. Manche der Geräusche, die uns erreichen, können wir nicht identifizieren. Wir hören vielleicht ein leises, entferntes Gemurmel, in Tonhöhe und Lautstärke nur der Schatten eines Geräuschs, das wir einst kannten. Oft auch erreichen uns Geräusche nur in veränderter Form, so wie z. B. die Unterhaltung, die ich heute morgen mit einem Nachbarn, dem neunjährigen Jodi, führte, der so wie ich zwei Hörgeräte trägt. »Deine Katze hat gehustet«, sagte er und guckte ins Cockpit meines schwimmenden Heims. »Welche denn?« fragte ich und schaute auf meine hingelümmelten Tiere. Jodi sah mich mit großen Augen an. »Funktioniert das auch wirklich?« Da wurde mir klar, daß wir kein richtiges »Gespräch« führten.

Nebenan lachte Jodis Mutter. Sie kennt uns und unsere Irrtümer. Sie ist eine Ehren-Eck-sperrtin. Was er wirklich gesagt hatte, war: »Deine Katze hat Pusteln.« Jodi verstand meine Antwort als »Wünsch dir was« und dachte, man könnte einen Wunsch äußern, wenn man eine Pustel sieht. Deshalb fragte er: »Funktioniert das auch wirklich?«

Wir Hörgeschädigte sind wahrhaftig Eck-sperrten im Deuten von Sprache. Wir kommen auf Bedeutungen, die durchschnittlichen hörenden Menschen nicht im Traume einfielen. Unsere Spezialität allerdings sind Hintergrundgeräusche. Wenn das Hörgerät auf »an« geschaltet ist, sind sie ständig da und lassen sich kaum ausblenden.

Ich sage kaum jemals noch: »Hier ist es aber schrecklich laut ...« oder irgend etwas Ähnliches. Die prompte Antwort lautet dann immer: »Das können Sie hören!« Was ja bedeutet, meine Hörbehinderung ist weg, geheilt, verschwunden. Denn schließlich heißt Hörbehinderung, daß man nicht hören kann. Es nützt zwar nichts, aber ich erkläre den Leuten trotzdem, daß meine Hörgeräte mir nicht meine Ohren ersetzen. Sie verstärken nur vorhandene Geräusche ... und zwar *sämtliche* Geräusche. Weil die Geräte nur mechanisch funktionieren, weil sie nicht denken können, können sie auch das verstärkte Hintergrundgeräusch nicht beiseite schieben. Sie können nicht unterscheiden und sich auf genau das einstellen, was sie gerne hören möchten, so wie es das unbeschädigte Ohr in seiner perfekten Zusammenarbeit mit dem Gehirn vermag. Obwohl unsere Ohren sehr alte Modelle sind und praktisch genauso aussehen wie jene, die unsere Vorfahren vor Millionen von Jahren trugen (allerdings nicht so behaart), haben sie sich als erstaunlich funktionstüchtig für das Erdenleben erwiesen. Das könnte sich ändern.

Umweltbedingungen und Lebensstil haben sich radikal gewandelt, vor allem in der zweiten Hälfte dieses Jahrhunderts. In den urgeschichtlichen Wäldern war das schlimmste Geräusch vermutlich das Fallen eines Baumes oder der dumpfe Sturz eines Brontosaurus, der einem Feind unterlag. Im mittelalterlichen Europa bestand der stärkste Lärm wahrscheinlich im Klirren der Kette, wenn ein Leser in einer Bibliothek die Lage eines Buches veränderte, das an die Wand gekettet war. Selbst vor achtzig Jahren noch gab es keine Rockmusik, Düsenjäger, Radios, Fernseher, Lautsprecher, U-Bahnen, Kettensägen und auch nicht diese unglaubliche Maschine, die der *Hammer* heißt und der ich gestern bei der Arbeit zusehen konnte. Eine Straße wurde aufgerissen. Wenn der *Hammer* in Betrieb war, fuhr er an seinem Kopfende ein Ding aus, das tatsächlich ein monströser Hammer war. Jedesmal wenn der Hammer auf das Pflaster niedersauste, hüpfte das ganze Fahrzeug, vibrierte und löste sich mit den Rädern vom Boden. Der Fahrer wurde von seinem Sitz hochgeschleudert, fiel wieder herunter und flog sofort wieder hoch. Er hatte den Mund aufgerissen, verdrehte die Augen, sein Kopf wackelte hin und her. Ich sah wie gebannt zu. »Alles in Ordnung, Joe?« rief irgend jemand und versuchte den schrecklichen Krach zu übertönen. »J-jja-ha-ha-ha-aa ...« Nach einigen Minuten wurde Joe aus seiner Kabine geholt. Er konnte kaum aufrecht stehen. Jetzt war jemand anders an der Reihe, der im Namen des Fortschritts und der Wirtschaftlichkeit dieses moderne Wunder genießen durfte. Mir fiel auf, daß die Fahrer weder Ohrenschützer noch Helme trugen, nichts, das die zerstörerische Wirkung ihrer Arbeit hätte mindern können.

Ich sitze in einem Restaurant, und es ist laut. Ich kann nicht, wie jeder andere mit normalem Gehör, nur der Person zuhören, mit der ich mich unterhalte. Ich versuche es. Ich höre ein wüstes Durcheinander von Geräuschen. Ich fahre nach New York, und aus allen Richtungen hämmert ein Höllenlärm auf mich ein. Ich kann meine Hörgeräte abschalten, sofern ich nicht den Versuch wage, mit meinem Begleiter ein Gespräch zu beginnen. Oft rette ich mich, indem ich zur Schweigsamen werde. Wenn ich mich mit Freunden treffe, muß ich jemanden aus dem Wohnzimmer herauslocken, um mich wirklich mit ihm zu unterhalten. (»Komm, wir gehen ein bißchen in den Garten ...« – eine Bemerkung, die im Winter garantiert seltsame Blicke zur Folge hat ...)

Es ist schon erstaunlich, daß wir, angesichts all dessen, was wir über die zerstörerische Wirkung von Lärm auf dieses empfindliche Instrument, unser Ohr, wissen, uns immer noch mit menschengemachten Kakophonien bombardieren lassen. Wenn wir unsere Ohren ständig ohne jeden Schutz dem Krach von Rockkonzerten, U-Bahnen Fabrikmaschinen, Düsenjägermotoren und all den anderen Dingen aussetzen, die wir in unserem täglichen Leben für unabdingbar halten, so führt das schließlich zu einer Verletzung der Sinnesnerven und zum endgültigen Verlust des Gehörs. Nach allgemeinen Schätzungen leidet ein hoher Prozentsatz der Amerikaner unter dreißig schon an ernsthaften Hörstörungen – einem Schaden, der, wenn überhaupt, eigentlich erst sehr viel später eintreten sollte.

Wann wird ein Geräusch zum Lärm? Ab wann schaden Geräusche der gesunden Funktion einer der größten entwicklungsgeschichtlichen Mitgiften – dem Gehör?

Wir messen Geräusche mit einem Maß, das Dezibel heißt. Das Dezibelsystem beginnt bei null, dem schwächsten Laut, den das menschliche Ohr noch vernehmen kann. Zehn Dezibel bedeutet die mehr als zehnfache Verstärkung dieses Geräuschs, da die wahrgenommene Lautstärke sich alle zehn Dezibel verdoppelt. Der Startlärm eines Düsenjägers beträgt 150 Dezibel, oder anders gesagt, er ist 1 000 000 000 000 000mal so stark wie das leiseste Flüstern, das wir hören können.

Eine normale Unterhaltung hat die Stärke von 65 Dezibel. Bei etwa 100 Dezibel werden Geräusche für die meisten Menschen unangenehm. Bei über 120 Dezibel macht sich ein lästiges Gefühl im Ohr bemerkbar. Und noch lautere Geräusche verursachen nicht nur Schmerzen, sondern auch einen vorübergehenden oder dauerhaften Hörverlust. Hörschädigungen treten häufig durch bestimmte Arten von Lärm auf – z. B. bei Menschen, die mit Artilleriefeuer, mit Druckkesseln oder Stanzpressen, mit Nietmaschinen oder Düsenmotoren zu tun haben.

Vielleicht werden in Zukunft alle Menschen schon in jungen Jahren Eck-sperrten sein. Vielleicht aber werden Technologen sich auch daranmachen, für einige der lärmigeren Bereiche unseres Lebens bestimmte Schutzvorrichtungen zur Dämpfung von Schall zu entwickeln.

Und vielleicht erfindet sogar jemand in naher Zukunft ein vollkommeneres Hörgerät, eines, das genau das, was wir hören wollen, genau in dem Maße verstärkt, wie es nötig ist. (Leonardo, wo bist du in diesen Zeiten?)

Bis dahin allerdings sind wir Eck-sperrten über die Existenz von Hörgeräten, so unvollkommen sie auch sein mögen, genauso glücklich wie damals die Menschen, als die ersten Autos und die ersten Flugzeuge auftauchten. Auch wenn sie noch so unzulänglich sind – Hörgeräte erweitern das Leben von Eck-sperrten um eine wichtige Dimension. Leider sind hörgeschädigte Eck-sperrten im Begriff, ihre exklusive Stellung zu verlieren. Wenn die Dezibelhöhe des täglichen Lebens ständig weiter in diesem Maß steigt, wird es bald überall Eck-sperrten geben. Und wir werden uns einem großen Aufgebot schöpferischen Erfindungsreichtums gegenübersehen. Womöglich in Form von Designer-Hörgeräten – farbig, juwelenbesetzt und mit Markennamen wie Dior, Chanel oder Gloria Vanderbilt. Es wird ein scharfer Wettbewerb entstehen. Ebenso wie Jeans, Jogging-Schuhe oder poppige T-Shirts werden dann alle solch einen Markenartikel besitzen wollen.

*

Im Winter des Jahres 1933 schrieb Admiral Richard Byrd, der ganz alleine eine Wetterbeobachtungsstation in der Antarktis betrieb, in sein Tagebuch: »Machte um vier Uhr nachmittags meinen täglichen Spaziergang ... Ich blieb stehen, um dem Schweigen zuzuhören ... Der Tag starb, die Nacht wurde geboren – doch in großem Frieden. Unvorstellbare Prozesse und Kräfte des Kosmos waren am Werk, harmonisch und geräuschlos. Harmonie, das war es! Sie war es, die aus dem Schweigen entstand – ein sanfter Rhythmus, der Klang eines vollkommenen Akkords, Sphärenmusik, vielleicht.«

Ist ein später Nachmittag in der Antarktis in den 1990ern noch genauso stumm, ist er frei von jedem Laut außer dem natürlichen, jenem »schallenden« Geräusch, das den unberührten fernen Gegenden eigen ist, jenen wilden, ursprünglichen, menschenlosen Orten ...? Oder wird Byrds »sanfter Rhythmus« untergraben, wird seine Polkappen-Harmonie um vier Uhr nachmittags von den heiseren Maschinen eines Kreuzschiffes zersetzt, das sich, nach einem kurzen Zwischenaufenthalt für Touristen, erneut durch die eisige Dunkelheit des Meeres wühlt? Die »unvorstellbaren Prozesse und Kräfte des Kosmos« schmettern zu jeder Stunde, an jedem Ort der Erde, ihre stummen Botschaften. Ich könnte sie sicherlich auch mit gutem Gehör nicht vernehmen. Um Admiral Byrds große Stille zu »hören«, um seine sanfte rhythmische Musik zu spüren, muß man Inseln der Ruhe finden, Orte eines fast geräuschlosen Schweigens. Wo soll man sie suchen – gibt es sie in der heutigen Zeit – solche Räume absoluter Stille?

Lärm ist allgegenwärtig. Ein Artikel in der *New York Times* (der passenderweise »Lärmforschung geht im Lärm unter« überschrieben ist) zitiert einen Umweltwissenschaftler: »... das Fatale am Lärm ist, daß man ihn nicht wie Müll, Öllachen und andere Umweltverschmutzer sehen kann.« Die Tatsache, daß Lärm, der die fürs Ohr erträglichen Grenzen überschreitet, zu leichteren oder schwereren Hörstörungen führen kann, ist nicht gerade neu – doch das folgende hat mich überrascht (ich habe auf der Stelle meine Hörgeräte ausgeschaltet). Und zwar wurden die physiologischen und psychologischen Auswirkungen von Lärm beschrieben, dem man an einem ganz gewöhnlichen Tag ausgesetzt ist – im Haus, bei der Arbeit oder während der Freizeit. Es haben sich Verbindungen zwischen Lärmbelästigung und Bluthochdruck feststellen lassen; man leidet an Müdigkeit, wenn man sich durch den Lärm der Großstadt kämpfen muß; und kalifornische Wissenschaftler haben »bei 200000 Anwohnern einer Einflugschneise in der Nähe des Internationalen Flughafens von Los Angeles eine relevant größere Anzahl von Herztoden, Schlaganfällen, Selbstmorden und Morden« verzeichnet. Da ist es eher eine Untertreibung, wenn man liest, »Experimente zeigen, daß Lärm das Verhalten modifiziert« und daß »die Lärmsituation schlicht furchtbar ist«.

Und ach, jenes bedauernswerte Londoner Team, das Hörschäden und Taubheit bei Jugendlichen erforschte und sich bemühte, seine Kontrollgruppe auf sechzig Leute zu bringen! Trotz endloser Suche schien es ein Ding der Unmöglichkeit, Kinder zu finden, die noch nie lauter und lautverstärkter Musik ausgesetzt waren. Der verantwortliche Wissenschaftler ließ sich allerdings nicht entmutigen. Er hat sich nach ausländischen Austauschschülern umgeschaut, die bisher noch nie oder so gut wie nie Musik aus Lautsprechern gehört hatten, und er hat Schüler gefunden, deren religiöse Überzeugung es ihnen verbietet, Rockmusik zu hören.

*

Um vier Uhr früh unterhalte ich mich – in manchen Nächten – mit Admiral Byrd. Es ist vier Uhr früh, sage ich, eine magische Stunde, nicht mehr richtig Nacht und noch nicht Tag. Ich erzähle ihm, daß ich sehen kann, wie Zeit sich ereignet. Ich kann sehen, wie der neue Tag geboren wird. Ich höre dem Schweigen zu.

Das Schweigen hüllt mich ein, es ist fast zu greifen in der mich umgebenden Luft. Ein kleines Häufchen Sterne schwingt sich gen Osten davon, die Nacht läßt sich auf einem Flugzeug nieder, das von einem nahe gelegenen Flugplatz aufsteigt, seine Motoren bilden die Musik der modernen Sphären – unsanfte Rhythmen, die ich nicht hören kann. Die schwarze Masse, das Land auf der anderen Flußseite, steckt voller Nachtgeschöpfe, die sich auf die kostbaren Plätze in der Nähe der Felsen und der dunklen Mole zurückgezogen haben. Nachtreiher fliegen in der Noch-nicht-Helligkeit auf ihre Bäume, während die Venus tief am Himmel hängt. Ich schreibe mit großem Behagen – ein gelber Block liegt in meinem Schoß, die gespitzten Bleistifte sind griffbereit – in der Stille der frühen Morgenstunden. Störungen sind unwahrscheinlich. Auch das Telefon, dieser Mahner an die schrille Tageswelt, wird wohl nicht in das Schweigen eindringen. Unerwartete Besucher, die nicht begreifen, daß ich arbeite, wenn ich zu Hause bin, werden nicht aufkreuzen.

Niemand will etwas von mir, und so herrscht in den Stunden nach Mitternacht eine Ruhe, die zum Schöpferischen verlockt. In meinem Cockpit-Zimmer schläft die Welt der Menschen. Ein Schiffsdeck wird zu meiner privaten Antarktis, auch wenn nach einer kurzen Segeltour über den Fluß und durch den Hafen die Silhouette von New York auftauchen und daran erinnern würde, daß ich dem Störbereich noch nicht entkommen bin, noch nicht eine Insel des absoluten Schweigens gefunden habe. In einem Yachthafen weiter nordöstlich herrscht das halbe Jahr über eine wahre Bienenkorbgeschäftigkeit. Denn der Freizeitbetrieb ist gnadenlos. So kommt meine Antarktis im Sommer erst in den frühen Morgenstunden hierher – im Winter dagegen zu fast jeder Stunde. Nach dem Höhepunkt der Fieberkurve am Labor Day ist eine deutliche Abkühlung zu spüren. Wirkliche Stille ist allerdings erst im Dezember zu hören. Flugzeuge der zwei großen städtischen Flughäfen bewegen sich zwar weiter unablässig über unseren Köpfen, aber die Motorboote, schlanke Rennboote mit riesigen Motoren und wütenden, aggressiven Namen *(Rächer, Unerhört, Rache, Bomber, Feger, Der Schrei),* die sonst müßig den Fluß in Richtung Long-Island-Sund durchqueren und deren Maschinen die stampfende Wucht einer 747er besitzen – sie sind dann verschwunden. Ebenso wie die Wasserskifahrer. So ist es kein Wunder, daß ein westlicher Anthropologe feststellt, »einer der Gründe dafür, daß die Amerikaner nichts für Fahrgemeinschaften übrig haben, liegt darin, daß der Pendlerzug für viele eine Art Walden Pond ist – die einzige Zeit der Stille und des Alleinseins«.

Es gibt andere antarktische Orte. Mohammed suchte während des heiligen Monats Ramadan Abgeschiedenheit in der Höhle von Hera. Die achtzehn Jahre alte Tania Abei segelte nur mit ihrer Katze als Begleitung um die Welt. »Auf dem offenen Meer war die Stille meine Umgebung. Sie wurde Teil meiner selbst ... Ich lernte jedes Geräusch kennen. Lange bevor ich es sehen konnte, spürte ich schon das Dröhnen eines nahenden Schiffes.« Als ich das las, fiel mir Helen Keller in ihrer absoluten Stille ein. Alexander Graham Bell führte sie einmal zu den Niagarafällen. Sie standen im Foyer eines Hotels, und er legte ihre Hand an eine Fensterscheibe, damit sie den jähen Sturz des brausenden Flusses spüren konnte und fühlte, wie er über den Abgrund donnerte. Gar nicht viel anders als meine Art abzuwaschen – barfuß an meinem Kombüsenbecken, damit ich die Schwingung der Wasserpumpe fühlen kann. Nur so weiß ich, ob sie ordentlich funktioniert.

Ich denke an einen Mann in Seattle, der sich »der Geräuschesucher« nennt. Er bricht regelmäßig in die Wildnis des pazifischen Nordwestens auf. Mit seiner mitgeführten Zwanzigtausend-Dollar-Schallausrüstung macht er sich auf die Suche nach einer, wie er sagt, bedrohten Art – nach Orten, die lärmfrei sind, Gegenden von natürlicher Stille. Die Erfahrung von Lärmfreiheit, so sagt er, ist »die akustische Entsprechung einer Betrachtung der Milchstraße, wenn man sich vollständig aus dem Lichtbereich der Stadt entfernt hat«. Seine wilden Plätze »hallen wider vom Geräusch der Stille«, so wie Tania Abeis Ozean und mein Fluß. Unsere stillen Orte sind nicht geräuschlos. Es fehlt nur der *Lärm*, das pulsierende Stoßen, die bebende Sturzflut all der angehäuften Maschinen und all der Massen von Menschen, die zum modernen Leben gehören. Jener Lärm mithin, von dem kürzlich ein Artikel im *Time*-Magazin behauptete, er werde allgemein für lästig gehalten ..., aber akzeptiert. Der Direktor des *National Institute on Deafness and Other Communication Disorders* (nationales Institut für Taubheit und andere Verständigungsstörungen), Dr. Jarnes Snow jr., sagt: »Wir sind so unendlich viel Lärm ausgesetzt, daß wir dazu neigen, ihn als Auszeichnung zu empfinden.«

Admiral Byrd würde seine Antarktis sehr verändert vorfinden. Die Gewässer der Antarktis werden immer wieder von Explosionen erschüttert, da Wissenschaftler dort seismische Forschungen über Erdschichtablagerungen unter dicksten Lagen von Eis anstellen. Die Dynamitexplosionen unter Wasser haben das Gehör der Wedell-Robben geschädigt, die im antarktischen McMurdo-Sund leben. Ein äußerst bitterer Verlust für die Wedells, die gute Tiefseetaucher sind und in jenen dunklen Tiefen leben, in die kein Licht dringt. Sie verständigen sich untereinander mit Pfeiftönen; das aber ist nicht mehr möglich, wenn ihr inneres Ohr verletzt ist. Und so sind sie dann hilflos der Dunkelheit und der Taubheit überlassen.

Es ist vier Uhr früh am Glen-Cove-Fluß. Das kosmische Schweigen hat mich belebt, wie sehr es auch da oben donnern mag. Simone Weil war der Überzeugung, daß im Lärm des menschengemachten Universums Poesie liege, und sie schrieb einen Lobgesang auf die Kakophonie der Großstadt (*Simone Weil: A Modern Pilgrimage* von Robert Coles; Addison-Wesley, 1987):

»Aller Lärm hat seine Bedeutung, jeder besitzt seinen eigenen Rhythmus, und alle vereinen sich zum ungeheuren Atem der arbeitenden Gemeinschaft ..., da sind ... die metallischen Geräusche, das Drehen der Räder, das Ineinandergreifen von Metall und Metall; Geräusche, die weder von der Natur noch vom Leben sprechen, sondern vom ernsten, stetigen, ununterbrochenen Umgang der Menschen mit den Dingen. Mag man sich im großen Summen auch verloren fühlen, so ist man doch gleichzeitig sein Herr ..., während der fahlen Morgen- und Abendstunden im Winter, wenn nur das elektrische Licht brennt, nehmen alle Sinne teil an einem Universum, in dem nichts an Natur erinnert, in dem nichts grundlos ist, in dem alles schiere Wirkung ist, die schmerzliche, aber siegreiche Einwirkung des Menschen auf die Materie.«

Den Zuhörer bei einem Rockkonzert und einen Läufer mit Kopfhörer, der nur ein irgendwie unkosmisches Gebrüll kennt – sie beide verbindet die Liebe zu explodierenden Geräuschen, die sie nicht als Lärm bezeichnen würden. Ich beobachte eine Sternschnuppe am verblassenden Nachthimmel, die stumm über den Rand des noch dunklen westlichen Himmels fällt. Wenn ihr gewaltiger Sturz durch mein Universum mit Lärm verbunden ist, dann kenne ich ihn nicht.

Wenn ich nachts schreibe, was ich oft tue, und wenn ich

dabei von klagenden Winden geschaukelt werde, die ich nicht höre, dann denke ich daran, daß ich in edle literarische Fußstapfen trete. George Sand, die ihre Romane in ihrer 19.-Jahrhundert-Villa schrieb, griff häufig nach einer heißen Liebesnacht zur Feder, während Frederic Chopin, ihr Geliebter, schlief.

Lärm – ein Geräusch also, das unangenehm ist – kann zu einer solch subjektiven Angelegenheit werden! Ich stelle mir George Sand vor, wie sie – mit Feder, Tintenfaß und Pergament vor sich auf einem lederbezogenen Mahagoni-Schreibtisch – dem nicht zu entkommenden Schnarchen ihres schlafenden Geliebten zuhört. Für sie Musik, nicht Lärm.

*

Taubheit hat unerwartet segensreiche Aspekte ...

Ich liege auf dem Anlegesteg platt auf dem Bauch und schaue bei Ebbe mit einer Taschenlampe in das knapp einen Meter tiefe trübe Wasser, um den *Lophius americanus* zu beobachten – eine wahre Studie in Häßlichkeit. Die Planken des Kais übertragen Schwingungen, die mir mitteilen, daß sich schwerfällige Schritte nähern. »Heute ..., ja, heute ganz bestimmt ..., heute bringe ich das verfluchte Biest um!«

Ich erinnere Donald, den benachbarten Hausbootbewohner, daran, daß *Lophius* nicht der Grund für seine nächtliche Pein ist. Er verwechselt ihn mit einem anderen höchst grotesken Meeresgeschöpf, das bei seinem Liebesspiel äußerst geräuschvoll vorgeht und ihn nachts wach hält. *Lophius* ist ein Seeteufel und ekelerregend scheußlich mit seinem schuppenlosen, glitschig-schleimigen Körper, der fast nur aus einem riesigen Kopf mit drei Reihen bedrohlicher Zähne besteht. Er liegt jeden Sommer in der Nähe unserer Boote im Schlamm und ist ein unersättlicher Vertilger von Kormoranen, Enten, Möwen, Hummern, gelegentlich auch einer Gans, von Einsiedlerkrebsen, Tintenfischen, einem ganzen Sortiment von wirbellosen Tieren. Und allesamt verschwinden sie in seinem geräumigen Maul, dessen Kiefer und Lippen von Fleischlappen eingerahmt sind. Der Appetit des Seeteufels ist berüchtigt. Sein Sexualleben ist bewegt, aber stumm. (Das Männchen verklammert sich in seine Gefährtin, seine Lippen und seine Zunge wachsen in ihre Haut hinein, während der Rest von ihm verkümmert. Nur seine Geschlechtsorgane sind weiterhin paarungsfähig.)

Donald läßt sich nicht überzeugen. Er weiß, daß der Lärm, der viele der Hafenanwohner nachts wach hält, von einem außerordentlich häßlichen Fisch verursacht wird. Und könnte irgend etwas unsympathischer sein als *Lophius*? Den *Opsanus tau,* einen Austern-Krötenfisch, haben wir noch nicht entdeckt. Sein Liebeswerben – ein Grunzen und Knurren, untermalt von Pfeif- und Quiektönen, die seiner lebhaft vibrierenden Schwimmblase entstammen, teilt aller Welt lautstark mit, daß jetzt das Kindermachen in die Hand (bzw. die Kiemen oder die Flossen) genommen werden muß. Aus Fotografien ersehe ich, daß er, ebenso wie *Lophius,* ein aussichtsreicher Kandidat für einen Wer-ist-der-häßlichste-Unterwasserbewohner-Wettbewerb wäre, sollte der irgendwann einmal stattfinden.

Opsanus macht sich weiterhin rar. Die Möchtegern-Ichthyologen unter uns Kaibewohnern haben vergeblich den felsigen Wattbereich nach *Opsanus* abgesucht. Er ist der atlantische Küstenvetter von *Porichthys notatus,* dessen schlammiges Reich der Meeresboden der Pazifikküste ist. Wir wissen, daß *Opsanus* sich hier aufhält, daß er langsam in Richtung Küste gezogen ist, daß seine lüsterne Geilheit ihn zum gemächlichen, aber unaufhaltsamen Vorrücken gedrängt hat. Seine überlauten nächtlichen romantischen Avancen haben seine Ankunft verkündet. Er muß – wenn auch unentdeckt – schon seit Wochen hier sein, seit Anfang Juni etwa. Wir wissen, daß er erst nach einem geeigneten Nistgelände in der Nähe des Hafendamms und der Uferfelsen Ausschau hält, bevor er mit seinem klagenden, fagottähnlichen Schmachten beginnt, das mögliche Gefährtinnen in den ausgewählten Nistbereich im Watt locken soll. Sein Brummen kann Frequenzen zwischen 98 und 108 Hertz erreichen und fällt damit in den unerfreulichen Zuhörbereich.

Krötenfische gehören zu den Meeresbodenbewohnern und leben die meiste Zeit des Jahres weit von der Küste entfernt. Zwischen Juni und September treibt das Paarungsbedürfnis sie jedoch in flache Gewässer. Die Männchen sind vorbildliche Väter und hüten die befruchteten Eier, bis die Jungen ausgeschlüpft sind (wobei sie der drohenden Bevölkerungsexplosion Einhalt gebieten, indem sie die Jungen fressen, die nach der Geburt nicht schnell genug entkommen können). Außerdem sind die Männchen während der Sommermonate mit ihrem Lärm eine nicht zu kontrollierende Art von Umweltverschmutzung. Das sonore Grunzen und Knurren und nervige Brummen – mal als eine Art elektrisches Nebelhorn, mal als Hubschrauber beschrieben, der einem im Zimmer über den Kopf fliegt, und mal als eine B-17, die einen Auftrag im Niedrigflug ausführt – ist der stetige, leidenschaftlich wiederholte Ruf eines männlichen Krötenfisches, der auf die Antwort einer möglichen Gefährtin hofft.

In manchen wunderschönen Flußmündungen und Buchten – in denen die Sand- und Felsbedingungen genau richtig sind – können die Nächte von Juni bis September gelegentlich nicht nur vom Flügelschlag der Fledermäuse und den Symphonien der Grillen erfüllt sein. Diese Orte sind auch die typischen Brutstätten der Krötenfische, und da *Opsanus* und *Porichthys* ihre Liebesgesänge nur vortragen, wenn sie Nachwuchs im Sinn haben, hängt deren Lautstärke davon ab, wie viele Krötenfische ein entsprechendes Schlammloch gefunden haben.

Ich bleibe von diesen nächtlichen Störungen, die sich an Schallvolumen durchaus mit Stereoanlagen und Generatoren messen können, gnädigerweise verschont. An diesem Morgen nun tauchte Donald, mit einem Bootshaken bewaffnet, in der ganzen Fülle seiner knapp dreihundert Pfund auf, und die wirkten noch massiver als sonst. »Wenn das Liebesrumoren und Klagen von *Opsanus* dich so verfolgt«, rate ich ihm, »... dann nimm doch Betty und zieh mit ihr nach unten – spar dir das Oberdeck für Oktober und später auf, wenn *Opsanus* sich auf den Weg zu tieferen Gewässern macht. Bis zum nächsten Juni.« Ich erinnere ihn daran, daß wir beide akustisch isolierte Schiffe besitzen, seines ist aus Stahl, meines aus Holz. Die melodischen Zärtlichkeiten der Krötenfische dringen mit Leichtigkeit durch Fiberglas und Eisenbetonschalen. Doch Stahl und Holz sind offensichtlich immun dagegen. Innen hört man nichts.

Die Sonne geht auf, eine strahlende, riesengroße orangefarbene Kugel, die vor unseren Augen in einen dunstigen, leblosen Himmel aufsteigt. Kein Windhauch bewegt das Schilf. Und wieder beginnt ein typischer, heißer, feuchter Long-Island-Julisommertag. »Gott sei Dank!« sagt Donald und muß beinah lächeln. »Dieser vögelnde Romeo hat endlich aufgehört! Vielleicht ist er tot.« Ich habe keine Veränderung in der Morgenluft festgestellt. Für mich herrscht immer noch die zarte Stille der Morgendämmerung. Ich erkläre Donald, tot sei er nicht. Unser Krötenfisch ruhe sich jetzt nur aus nach einer Nacht tatkräftiger sozialer Verpflichtungen. Setz dich, lade ich ihn ein. Ich werde dir eine schöne Sexgeschichte erzählen.

*

In der Gegend um die kalifornische Richardson Bay, am nördlichen Ende der Bucht von San Francisco, gibt es Hausbootbewohner, die behaupten, sie hörten das jedes Jahr wiederkehrende Brummen schon, solange sie denken können. Es sei einfach ein Teil des sommerlichen Lärms zwischen Juni und September. Und es höre ganz plötzlich im Oktober auf. Im Freien sei das Geräusch nicht besonders klar zu vernehmen; eher dringe es durch die mitschwingenden Schiffsrümpfe von den fast 500 Hausbooten der Bewohner Sausalitos, die auf dem Wasser leben. Zumindest durch einige von ihnen.

Früher waren fast alle schwimmenden Einwohner der kleinen Stadt Sausalito Fischer und Künstler; und sie waren einverstanden mit dem Brummen – falls sie es überhaupt hörten –, so wie sie mit allen Naturerscheinungen ihrer selbstgewählten Wohnumgebung einverstanden waren. Die meisten von ihnen nahmen es gar nicht wahr, denn sie lebten auf ausrangierten, verrosteten Kähnen aus Stahl oder in schwimmenden Bleiben, die auf Landungsfahrzeugen des Zweiten Weltkriegs errichtet waren – soliden hölzernen Konstruktionen, die nach dem Krieg billig verschleudert wurden. (Mein Hausboot, die *Bette Anne,* ist eines davon. Daß ich das Brummen nicht höre, hat vielleicht gar nichts mit meiner Taubheit zu tun.)

Die klangintensiven Töne der liebeshungrigen Krötenfische zittern und seufzen sich offenbar mit Leichtigkeit durch die modernen menschengemachten Materialien, d. h. durch Bootsschalen, die aus fiberglasverstärkten Harzen und Eisenbeton bestehen. Und die bilden die Grundbaustoffe für jene Hausboote mit Wohnanlagencharakter, die in den von Yuppies überrannten Gewässern um Sausalito mittlerweile in der Überzahl sind. Das dröhnende Gebrumm steigt kurz nach Sonnenuntergang aus dem Schlamm empor – ein geisterhafter Krach mit steigender Dezibelzahl, der die Salons und Kabinen erfüllt, wenn deren Leidenschaft entbrannte, abscheuliche Liebhaber das willige Objekt seiner zärtlichen Arien unter seinen erwählten Felsen schleppt, an den sie dann an die 200 Eier setzen wird.

Die neueren Bootsbewohner begannen sich zu beklagen. Das muß die Abwasseraufbereitungsanlage in der Nähe sein; das müssen Ingenieure der Armee sein, die ein militärisches Experiment durchführen; das müssen Außerirdische sein, die hier gelandet sind (Sausalito wäre schon ein hübscher Platz für eine Zwischenrast, wenn man durchs Weltall reist). Viele waren überzeugt, daß es sich um irgendeinen rücksichtslosen Menschen handelte, der nachts eine Pumpe oder einen Generator laufen ließ (die Boote liegen sehr dicht beieinander, was gelegentlich zu unerwünschter Intimität führt). Mitte der 80er Jahre strömten die Beschwerden in das Büro des Lärmbeauftragten von Marin County. Ein Hausbootbewohner bot seine Dienste als Akustik-Ingenieur an und verbrachte den größten Teil der Sommernächte draußen in der Bucht mit Tauchern und Unterwasserhorchgeräten. Die belagerten Abwasserpumpen waren als mögliche Ursache bald ausgeschaltet, und dann, gerade als die Forscher vorübergehend mattgesetzt schienen, hörte das Brummen plötzlich auf. Natürlich. Es war Oktober.

Der nächste Sommer kam. Wie er es immer tut. Die Liebesgesänge, die von denen, die sie hörten, nur als ärgerlicher Lärm wahrgenommen wurden, begannen im Juni. Der Ingenieur und seine Mitarbeiter fanden, daß »das Auffinden der Lärmquelle eine gute Gelegenheit für Reklame böte. Da wir alle erfahrene Spezialisten für Akustik und Schwingungen sind, dachten wir ganz einfach, das Problem ließe sich leicht lösen.« Sie wollten, so schrieb eine Zeitschrift über ihr Unternehmen, »verdammt sein, wenn sie noch einen Sommer verstreichen ließen, ohne den Lärm-Umweltverschmutzer zu erwischen«.

Auf dem Nachhauseweg von der staatlichen Universität in San Francisco, wo er Meeresökologie lehrte, hörte Thomas Niesen eine Nachricht im Radio. Er lachte, als er sich an die Untersuchungen erinnerte, die er vor einigen Jahren in der Bucht von Monterey vorgenommen hatte. Er rief den Akustik-Ingenieur an. »Es besteht kein Zweifel«, sagte er, »daß dies das Geräusch des Bootsmannsfisches *(Porichthys notatus)* ist, auch bekannt als der singende Krötenfisch.«

Die Akustikfirma war perplex. Ein Fisch? Sie riefen den Direktor des örtlichen Aquariums an, der verblüfft darüber war, daß niemand eine biologische Ursache in Betracht gezogen hatte. Hatte noch niemand von *Porichthys* gehört? »Was«, so fragte er, »macht Krach in der Nacht und nur im Sommer? Was ist nachts auf Freiersfüßen und nur im Sommer? Maschinen jedenfalls nicht.«

Es wurden Krötenfische für wissenschaftliche Untersuchungen besorgt. Doch sie blieben stumm, selbst als man ihnen Aufzeichnungen ihrer Gesänge vorspielte, um sie zu einer Antwort zu bewegen. Schließlich entdeckte ein Fischer ein Tier mitten im leidenschaftlichsten Gesang, er hatte es zusammen mit anderen Fischen in einer Reuse gefangen. Beweis genug.

Es gibt immer noch Ungläubige. Wissenschaftler versichern den Hausbootbewohnern, daß Fische tatsächlich Geräusche machen. Plinius und Aristoteles haben dieses Phänomen beide in ihren Schriften über natürliche tierische Vorkommnisse erörtert. Das *Office of Naval Research,* das Schallphänomene unter Wasser erforscht, hat entdeckt, daß die Tiefen der Ozeane alles andere als Orte des Schweigens sind. Die Echolotung der Wale und Schildkröten verursacht erheblichen Lärm; Garnelen stoßen knallende, schnappende Laute aus; das Stöhnen und Ächzen und Zischen und Pfeifen und Heulen von Fischen in allen Größen schallt durch die Unterwasserwelt. Ichthyologen wissen, daß Geräusche bei Fischen normal sind. Und trotzdem bleiben Leute, denen das Leben unter der Wasseroberfläche fremd ist, ungläubig, selbst dann, wenn man ihnen die Ursachen beschreibt. Allein die Fortbewegung von großen Meerestieren – wie z. B. von Walen oder Haien oder Barschen – erzeugt durch die plötzliche Verdrängung von Wasser ein häufig ziemlich lautes dumpfes Schlagen. Dann ist da noch das schrille, sägende Geräusch mahlender Zähne von Fischen, die in die Knochenteile ihrer Beute beißen. Und außerdem entsteht ein Geräusch, wenn ein Fisch die Muskeln seiner Resonanzkammer anspannt. Diese Resonanzkammern, die Luft-, Gas- oder Schwimmblase genannt werden, finden sich bei vielen Fischarten, und sie haben alle auch die Funktion von Ballastkammern. Ein Fisch kann ohne Schwierigkeit in jeder beliebigen Tiefe sein Gleichgewicht dadurch halten, daß er sich durch die Veränderung der Dichte in dieser Blase der Dichte des umgebenden Wassers anpaßt. Und mit ihren beweglichen Blasen können die atlantischen und pazifischen Krötenfische ein Repertoire zusammenstellen, das nicht gerade für eine Hitparade taugt, aber mit Sicherheit die starke Vermehrung dieser Spezies befördert.

Allerdings gibt es reichlich Skeptiker, die bei ihrer beschränkten Sichtweise bleiben, nicht nur in Sausalito. Einer »schwört«, daß er »die Abwasseranlage erwischt ..., dieses Fischzeug ist doch nur ein riesiges Ablenkungsmanöver«. Jene abenteuerliche Geschichte, wie das liebestolle Männchen mitten in seinem verzückten Tremolo geschnappt wurde, ist gefilmt und dann in den Abendnachrichten von Dan Rather auf CBS (20. August 1985) gesendet worden. Rathers Kommentar: »Wenn Sie das glauben, dann glauben Sie auch, daß Frösche Haare haben.« Der nächste Schritt zur Information der Öffentlichkeit bestand in der Verbreitung von endlos vielen Nachrichten und dem Verkauf von T-Shirts mit Siebdruckbildern. Die Zweifel hielten an. Die größte Zeitung in Marin County schrieb:

»Wir glauben nicht einen Augenblick, daß das Dröhnen, das die Hausbootbewohner von Sausalito nachts wach hält, von einem Trüppchen romantischer Krötenfische stammt, die ihre Version des *Indian Love Song* anstimmen ... Nur jene Gattung, die die Atomuhr, die Digitaluhr und die pünktlichen europäischen Züge entwickelt hat, ist in der Lage, eine derartige Unruhe zu erzeugen ... Das einzige Tier, das fähig ist, eine ganze Bucht mit gräßlichem Lärm zu erfüllen, ist der Mensch.«

Der schon erwähnte Aquariumsdirektor äußerte sich wie folgt dazu: »Solche anthropomorphe Arroganz kann nur an den Tag legen, wer das wimmernde Kreischen einer daumengroßen Zikade, das Bellen eines Ochsenfroschs und die Kakophonie der Grillen nicht kennt.« Er gab zu verstehen, daß an eben diesen zur Schau gestellten Großstadtattitüden die Yuppifizierung des Lebens auf dem Wasser zu erkennen ist. »Die modernen Bewohner von Sausalito sind so verstädtert, daß sie nicht die leiseste Ahnung vom Frühlingschor verliebter Tiere haben ..., der Lärm, den Tiere verursachen, ist längst im Lärm der Maschinen des Menschen untergegangen.«

Ein letzter Schritt zur Lösung dieses Problems von Umweltverschmutzung durch Lärm – ihn nämlich loszuwerden – bleibt noch zu tun. Ein paar originelle Typen versuchten eines Nachts im Sommer, *Porichthys* durch M-80-Feuerwerkskörper zum Schweigen zu bringen. Ein paar Schockwellen kräuselten die Bucht, Licht blitzte auf. Die Krötenfische aber ließen sich nicht stören in ihrer alljährlichen kurzen Ekstase. Sie brummten einfach weiter.

*

»Sie sollen ziemlich gut schmecken«, sage ich zu Donald, während wir beide zuschauen, wie unser Seeteufel ein paar Dutzend Frühlingsschnapper verschlingt, alle mehrere Zentimeter lang. »Ich könnte sie im ganzen mit Knoblauch in den Ofen schieben ..., und den Kopf könntest du für eine deiner wunderbaren Meeresfrüchtesuppen benutzen ..., ich habe gehört, in Europa gilt der Seeteufel als Delikatesse.«

Keiner von uns beiden holt sein Netz.

14

»Zuhören ist der Umgang des Verstandes mit Geräuschen, die das Ohr ... hören oder nicht hören kann.«

Percy C. Buck, 1944

Ich bin in diesem schmerzgeplagten Augenblick am bestmöglichen Ort der Welt (wobei die Welt an diesem Wochenende aus Worcester, Massachusetts, besteht, wo ich Verwandte besuche). Ich befinde mich im Zentrum für akute Traumata des Universitätskrankenhauses von Massachusetts. Es ist ein früher Sonntagmorgen nach einer schrecklichen Nacht, in der ich nicht wußte, wo ich meinen Kopf lassen sollte. Man kümmert sich hervorragend um mich. Medizinisch, um genau zu sein. Jetzt, da man dabei ist, meine Qualen zu lindern, überlege ich, ob es wohl etwas ausmacht, daß die Unterhaltung, und zwar inklusive der zu treffenden Maßnahmen, bis ich wieder nach Hause und zu meinem eigenen Hals-, Nasen-, Ohrenarzt kann – nach wenigen, sorgfältig an mich gerichteten Sätzen – hinter meinem Kopf weitergeführt wird, wo ich nichts sehen kann. Eine Unterhaltung mit meinem Ehemann, bei der ich völlig ignoriert werde. Ich bin nicht bewußtlos (obwohl ich wünschte, ich wäre es). Nur höre ich noch schlechter als sonst und kann meine Hörgeräte nicht tragen. Die Ärzte sind darüber informiert worden, daß ich eine außergewöhnlich gute Lippenleserin bin. Anfangs stellen sie sich darauf ein. Dann werde ich einfach vergessen.

Wenn ich zu jemandem sage, daß ich heute sehr stark hörgeschädigt bin – wenn ich sage: Bitte schauen Sie mich direkt an, damit ich sehe, was Sie sagen, immer dann geschieht etwas. Etwas geschieht, und ich weiß, was es ist. Die Worte, die ich gesagt habe, werden gestrichen, einfach deshalb, weil ich sie gesagt habe. Ich habe mit deutlicher Stimme gesprochen, meine Sprache ist verständlich. Und meine Fähigkeit, klar und deutlich zu sprechen, täuscht über eine unabänderliche Tatsache hinweg: Das Äußern von artikulierter Sprache heißt nicht, daß umgekehrt auch ein Begreifen der Gedanken stattfindet, die jemand mündlich äußert. Damit ich einer Unterhaltung folgen kann, muß man mich anvisieren.

Ich kenne mich mit Ohrenentzündungen aus. Ich kann noch so sorgfältig und regelmäßig meine Ohrmuscheln reinigen, Bakterien finden offenbar trotzdem, daß es sich in meinen Ohren wunderbar brüten läßt. Sie gedeihen ungestört, solange ich meine beiden Hörgeräte ständig trage, vom Moment des Aufstehens bis zum Schlafengehen. Meistens habe ich das Glück, daß die Bakterien sich nur ein Ohr zur Zeit aussuchen. Während das eine Ohr leidet, funktioniert das andere noch, so daß ich nicht gänzlich von meiner gerätegestützten Hörfähigkeit abgeschnitten bin, die mir noch geblieben ist (natürlich bin ich sehr viel lieber eine zweiohrige Frau). Dieser Sonntagmorgen gehört nicht zu den erfreulicheren. Beide Ohren sind gleichzeitig befallen.

Diese spezielle Belagerung hat schon einige Tage vorher begonnen. Ich konnte meinen mir vertrauten Ohrenspezialisten nicht erreichen. Auch eine zweite Wahl stand nicht zur Verfügung. Ach, Sommer! Also ließ ich einen dritten, mir unbekannten-aber-heiß-empfohlenen ernsthaften Menschen in meine geheimnisvollen Kanäle schauen. Ich hatte also durchaus etwas unternommen, bevor ich am nächsten Tag nach Neuengland fuhr.

Ich sitze auf einem Bett/Tisch mit weißem Laken in einem fensterlosen Raum und denke an den Hubschrauber, der draußen neben dem Auto steht, das mich hergebracht hat. Ich bin hier, da meine Schwiegermutter, die vergeblich versucht hatte, einen Ohrenspezialisten zu finden, der mich so früh an einem Sommersonntagmorgen untersuchen würde, schließlich die Notaufnahme eines Krankenhauses vorgeschlagen hatte.

Die Stadt besitzt viele ausgezeichnete Krankenhäuser, aber diverse hervorragende Vorschläge lehnte ich ab, weil ich mich nur allzu gut noch an bestimmte Erlebnisse mit Notaufnahmen erinnern konnte. Nicht nur meine Ohren taten weh. Ich konnte auch nicht hinter meine Ohren und meinen Kiefer fassen, keine einzige Stelle in meinem Gesicht ließ sich ohne Schmerzen berühren. Ich wollte nicht, daß irgend jemand mich berührte, der nicht sehr genaue Erfahrungen mit Ohren hatte.

Mitternacht, gestern nacht. Ich sitze am Küchentisch, mein Kopf liegt auf meinen Armen, und ich leide deutlich. Es stimmt, daß ich eine sehr niedrige Schmerzschwelle habe, und ich bin bekannt dafür, daß ich mich gelegentlich schon über einen lädierten Fingernagel lautstark beklagt habe. Trotzdem glaubt man mir meine Qualen, und die Mutter meines Ehemannes versucht mir zu helfen; sie ruft lauter Ärzte an, die entweder übers Wochenende nicht zu erreichen sind oder keine Patienten behandeln wollen, die nicht ihre eigenen sind. Stunden früher hatte ich, kurz bevor ich mein zweites Hörgerät auch herausnehmen mußte, noch mit meiner Schwester gesprochen, die soeben ihren schwerkranken Mann Hunderte von Kilometern durch eine Wüste im Westen zu einem Universitätskrankenhaus gefahren hatte. Sie waren auf einer Ferienreise. »Ich mußte ihn zu einem Lehrkrankenhaus bringen«, sagte sie, »wo sie auch wußten, wie man mit einem Krebspatienten umgeht ..., wo ich sicher sein konnte, daß es Spezialisten gab, entweder an Ort und Stelle oder auf Abruf.«

Nachts fielen mir ihre Worte wieder ein: »Ich brauche ein Lehrkrankenhaus«, sagte ich. Das Universitätskrankenhaus von Massachusetts ist nur fünf Minuten von meinem augenblicklichen Aufenthaltsort entfernt. Niemand hatte daran gedacht. (Eine Umarmung und ein Extrakuß für meine Schwester!)

Ich bin in einer Institution, die für sehr viel mehr als meine schmerzenden Ohren eingerichtet ist. Ein erster Arzt hat nach einem zweiten gerufen, beide sprechen kurz mit mir und länger mit meinem Mann. Sie zeigen mir das »Spielzeug«, das sie eine ganze Zeit lang gesucht haben, winzige Instrumente, mit denen sie meine gewundenen Gehörgänge untersuchen wollen – zierlich wie für Kinder (in mancherlei Hinsicht bin ich nie erwachsen geworden). Ein Mittel zur lokalen Betäubung tröpfelt in mein eines Ohr, Zauberei! Sofort hört der Schmerz auf! Als sie mir bedeuten, ich solle mich umdrehen, damit sie mein anderes Ohr untersuchen können, sehe ich, daß um mich herum gesprochen wird. Ich blicke zwischen den beiden Ärzten und meinem Mann hin und her, sie unterhalten sich lebhaft, lachen miteinander. Dann gehen sie fort, meine beiden Zauberkünstler, ohne mir auch nur einen letzten Blick oder ein Wort zu gönnen. »Worum ging es die ganze Zeit?« frage ich.

»Nur Anweisungen ...«, lächelt mein Mann. Inzwischen habe ich gelernt, seinen wunderschönen, elegant gekräuselten Schnurrbart als eine zu meisternde Herausforderung fürs Lippenlesen zu begreifen. Ich stehe auf und will gehen, da kommt der erste Arzt zurück und überreicht mir die Rezepte, spricht aber ausschließlich mit meinem Mann. Ich habe seit Tagen zum erstenmal keine Schmerzen mehr, aber etwas anderes quält mich. Es ist derselbe schneidende Schmerz, der mich überfällt, wenn ich jemanden darum bitte, daß er das, was soeben gesagt wurde, noch einmal wiederholt, da ich es nicht ganz verstanden hätte. »Oh ... nichts« ist die übliche Antwort.

Nichts ist nichts. Für einen hörgeschädigten Menschen, der alles mit Mühe zu erfassen sucht, ist nichts gering, und kein Wort ist nur eine Kleinigkeit. Denn für uns ist es ganz wichtig, das Wesentliche des Alltäglichen um uns herum mitzubekommen. Nicht unser eigenes verbales Bemühen behindert uns so häufig, wenn wir über sprachliche und visuelle Hinweise zu »hören« versuchen. Was uns zurückwirft, sind die Antworten auf unsere Fragen. Sie erinnern uns daran, daß wir nur allzu oft an einen Ort verwiesen werden, der für Menschen ohne Verstand reserviert ist.

Ist ein lebendiger Verstand unmündig, etwas, das man übergehen und vernachlässigen kann, nur weil ein Sinnesorgan nicht normal funktioniert? Wäre es so jenseits aller vorstellbaren medizinischen Verfahrensweisen gewesen, wenn man das »Wie-und-Was« meines Falles vor meinen Augen besprochen hätte, so daß auch ich hätte teilnehmen können? Ich hätte dann die Hand meines Mannes genommen, so wie wir es immer machen, wenn ich etwas nicht verstehe; ein leichter Druck gegen seine Hand signalisiert ihm jeweils, daß ich eine Erläuterung brauche.

Wäre es so furchtbar gewesen, so jenseits aller beruflichen Praxis, wenn man mich in die näheren Einzelheiten einbezogen hätte, die ja immerhin mich betrafen ...?

Das sage ich zu meinem Mann, als wir im Wagen zu unserer wartenden Familie zurückfahren: Selbst er, der mehr als jeder andere tut, um mir die Welt der Geräusche zu beschreiben, selbst er isoliert mich manchmal.

»Ja ...«, sagt er sinnend und zwirbelt an seinem Schnurrbart, »es stimmt …, wir haben dich ausgeschlossen …, und das in solch einem schrecklichen Augenblick …«

Sie haben sich nicht nur über meine Behandlung unterhalten, sondern außerdem noch über Schlittenhunde. Sie waren, wie es so häufig geschieht, ganz zufällig auf das Thema gekommen, weil es vorher um meine Taubenhündin Sheena gegangen war. Das mag unwichtig erscheinen, ist es aber nicht. Ich möchte jederzeit in der Lage sein, selbst zu bestimmen, wem oder was ich mein Ohr – bzw. mein Auge – leihe. Warum kann sich niemand vorstellen oder auch nur in Erwägung ziehen, daß ich, auf meine eigene, Zeichen deutende Weise, vielleicht auch gerne bei so etwas Interessantem zugehört hätte wie dem Thema Schlittenhunde?

15

»Konzentrier deinen Willen. Hör nicht mit deinen Ohren, sondern mit deinem Verstand; nicht mit deinem Verstand, sondern mit deinem Geist. Laß dein Hören mit den Ohren ein Ende haben, und laß deinen Verstand mit seinen Bildern ein Ende haben. Deinen Geist aber mach zu einer leeren Fläche, empfänglich für alles, was draußen ist. Nur in einer solch offenen Empfänglichkeit wohnt Tao. Und diese offene Empfänglichkeit ist die Fastenzeit des Herzens.«

Lao-tse, 604(?)–531 v. Chr.

Es ist Juni, und der süße Duft feuchter Erde und blühender Bäume strömt vom anderen Flußufer durch jedes geöffnete Bullauge und jede Luke. Die Sonne steigt über dem südwestlichen Horizont auf, schnell färbt sich der Himmel hinter dem Schornstein der Verbrennungsanlage lachsrosa. Ich stapele gerade das Frühstücksgeschirr ins Abwaschbecken, als sanfte Finger meine Schulter berühren. Ich drehe mich um. Harvey bedeutet mir, ich solle ihm folgen, diesem nackten Geschöpf, meinem Adam in unserem privaten Garten Eden. Durch das Vorschiffluk riecht es nach der feuchten, gedüngten Erde aus den Blumenkästen an Deck. Harvey zeigt auf einen geschwungenen Eichenholm neben dem Fenster. Er hatte gerade die Dusche anstellen wollen, als er sie entdeckte – und ganz sicher ist es eine Sie –, stattlich, rund, schweigend (Männchen sind kleiner, fast hager und sangesfreudig). »Ein Insekt von imponierender Erscheinung«, so beschreibt sie J. Henri Fabre sehr passend, »mit hauchdünnen, weiten, grünen Flügeln, einer Schleppe aus feinstem Batist... als Maske für satanische Gewohnheiten.« Die weibliche *Mantis religiosa,* die sich fast ausschließlich von lebender Beute ernährt, »ist die Tigerin unter den friedfertigen Insektenstämmen, die Kannibalin im Hinterhalt, die ihren Tribut an frischem Fleisch einfordert«.

Ganz in Anspruch genommen von ihrem überraschenden prächtigen Auftritt in unserem Heim, hat Harvey nicht an die mögliche Gefahr beim Umgang mit einer Gottesanbeterin gedacht, einem Geschöpf, das für die räuberische Gewalt seiner Vorderbeine berüchtigt ist. Er nimmt sie vorsichtig und setzt sie außerhalb der Luke aufs Deck. In Sekundenschnelle ist sie wieder drinnen, auf demselben geschwungenen Holm. Harvey packt unsere Besucherin erneut und trägt sie schnell die Kajüttreppe hoch zu einem meiner üppigen Blumenkästen. Bloß nicht! Gottesanbeterinnen sind zwar wütende Fleischfresser und jederzeit für einen lebendigen Imbiß zu begeistern, doch hin und wieder lassen sie sich auch gierig auf Pflanzen nieder.

Meine Gottesanbeterin ist kaum zu sehen zwischen den Blättern meiner mexikanischen Heide und schnuppert ausgiebig an den zarten, winzigen rosenfarbenen Blüten der Pflanze, die ich selbst gezogen und den ganzen Winter über an einem sonnigen Bootsfenster in Blüte gehalten habe. Bald schon kehrt sie den Pflanzen den Rücken und schnappt sich mit ihren sichelartigen Vorderbeinen erst eine große Spinne, dann einen arglosen goldenen Schmetterling. Beides wehrlose Opfer, genauso wie später auch die Männchen ihrer eigenen Gattung, die, mit dem Kopf voran, sofort nach dem Paarungsakt von den Weibchen verschlungen werden.

In meinem Nachthemd krieche ich zum Blumenkasten.

Wird es mir gelingen, ihr einzelnes Ultraschallohr zu entdecken, das versteckt in einer Falte an der Unterseite ihres Brustkorbs kurz vorm Hinterleib sitzt? Ein Ohr, das auf das Ultraschallgezirpe hungriger Fledermäuse eingestellt ist – Lauten, die das menschliche Ohr nicht hören kann. Oder besitzen nur männliche Gottesanbeterinnen dieses Ohr? Die *Mantis* ist ein bösartiges, verwegenes Insekt, ein gewaltsamer Räuber; innerhalb des Gleichgewichts der natürlichen Welt ist sie aber ebensosehr auch selber Beute, ein besonderer Happen für Fledermäuse, die ihrerseits Meister des Insektenfangs sind. Die Abendmahlzeit einer insektenfressenden Fledermaus ist ein ausgedehntes Fest. Sie genießt all die verschiedenen Tiere, denen sie bei ihrem Flug durch die Dunkelheit zufällig begegnet. Wenn nun das Sonarsystem der Fledermaus eine Gottesanbeterin in der Luft aufspürt, so handelt es sich um ein Männchen. Die Weibchen der meisten *Mantis*-Arten können nicht fliegen.

Doch ach, eine köstliche männliche Gottesanbeterin als Horsd'œuvre ist ein seltenes Festessen für eine Fledermaus. Nur allzu häufig überlistet die Gottesanbeterin mit Hilfe ihrer Warnanlage die Fledermaus. Mit ihrem Ohr lauscht sie dem Hochfrequenzzirpen der Fledermäuse während ihrer nächtlichen Raubzüge. Eine Zehntelsekunde, nachdem die Gottesanbeterin die Schreie einer nahenden Fledermaus vernommen hat, wirft sie sich in eine Überlebensaktion: Sie vollführt Saltos und Drehungen, stürzt sich in spektakulären Spiralen abwärts und kann mit solcher »Ausweich-Choreographie« den meisten Fledermausattacken entkommen.

Die *Mantis* hier vor mir verharrt einen Moment und verdrückt noch eine Spinne und ein paar verspätet umherflatternde Nachtfalter. In früheren Jahrhunderten hätten wir nach ihrem Nest gefahndet und es in der vorgeschriebenen Weise geröstet. Nach einem Rezept nämlich aus dem zwölften

Jahrhundert (einzunehmen auf nüchternen Magen) gegen Aufstoßen, Impotenz, Hüftschmerzen, Asthma, Gonorrhöe, für Samenproduktion und was sonst noch alles. Und ganz gewiß hätten wir auch sie behalten und sie schließlich zusammen mit einer tropischen Krotonbohne fein gemahlen, denn beides zusammen ergibt eine exzellente medizinische Mixtur gegen Warzen und Krämpfe und hilft auch bei der sanften Entfernung von Pfeilen und Messern, die in Wunden festsitzen.

Ihr bemerkenswertes Ohr hätte ich aber – zur näheren Erforschung – ausgespart.

*

Ein Freund schickte mir eine Liste* mit *Merker*-Wörtern:

Merker – altdeutsch: Markierer, Schreiber, Anschreiber, Nörgler, Kritiker. In Wagners *Die Meistersinger* wird der hyperkritische Zunftsekretär »der Herr Merker« genannt.

bemerken
bemerkenswert
merkwürdig
Anmerkung
merken – »Pray you, mark me!« (Shakespeare, *Der Sturm*)
Merkmal
Merkwürdigkeit
Merkzeichen
Merkbuch
Merkblatt

* Die folgenden kursiv gedruckten Wörter sind auch im Original deutsch.

Bis jetzt waren meine deutschen Kenntnisse auf *Herr, Fräulein, Eine kleine Nachtmusik* und meinen Namen beschränkt, dessen Bedeutung mein Vater mir mit »Beobachter« erklärt hat. Andere *Merker*-Wörter tauchen an den seltsamsten Orten auf.

Ich bin z. B. auf Baron Jakob Johann von Uexküll gestoßen, einen deutschen Biologen und vergleichenden Psychologen, der die Sinnesfunktionen von Lebewesen erforscht hat. Das führte ihn zu der definitorischen Unterscheidung zwischen der *Umwelt* von Lebewesen und ihrer *Merkwelt.* Bei seinem Studium der Hörfähigkeit von Menschen und anderen Geschöpfen stellte von Uexküll 1921 fest, daß es kaum je zwei Arten mit denselben Sinnesfähigkeiten gibt. Meine Katzen, mein Hund, die wilden Rotfüchse und die zahllosen Vögel, sie alle teilen meine unmittelbare *Umwelt,* doch ihre *Merkwelt* ist je verschieden, sie alle nehmen das uns verbindende Alltagsleben unterschiedlich wahr. Eine bedeutsame *Merkwürdigkeit* verbindet meine *Merkwelt* teilweise mit einigen Geschöpfen unseres Flusses: Schlangen, Seesterne, Fliegen, Bienen – sie alle sind vollständig taub. Doch nur ich bin in der Lage, diese spezielle Überschneidung unserer gemeinsamen *Merkwelt zu* bemerken; das Erkennen ist nur eine *Anmerkung zu* den Grenzen des je individuellen Empfindungsvermögens. Flußschlangen, Seesterne, taube Fliegen und ich – wir sind, jeder für sich, in der Stille unserer gemeinsamen, aber unterschiedlich wahrgenommenen Welten isoliert.

*

Die Welt, wie ich sie wahrnehme, gehört ganz mir, sie ist mit keiner anderen zu vergleichen. Einen Moment lang war ich verblüfft, sie war mir ein großartiger Trost, diese zufällige Gemeinsamkeit. Ich konnte mir taube Tiere vorstellen, die in den Flußschlamm niederschießen, auf Pfählen hocken, an Felsen kleben, die träge an Wänden hochkrabbeln oder kopfüber die Decke entlang – und alle in Reichweite meiner Schreibmaschine.

Vor 1986 hielt man auch Gottesanbeterinnen noch für taub, ihre Fluchtakrobatik vor beutegierigen Fledermäusen war ein noch unbekanntes akustisches Geheimnis. Werde ich also demnächst irgendwann lesen, daß ein moderner J. Henri Fabre auch bei Schlangen, Fliegen, Bienen ein Ohr entdeckt hat, jeweils irgendwo an ihrem Körper versteckt?

Die Hörorgane von Insekten können an den unmöglichsten Stellen untergebracht sein. Verschiedene Arten von Netzflüglern und Nachtfaltern besitzen ohrähnliche Empfangsvorrichtungen, die Ultraschallgeräusche aufnehmen können und, je nachdem, an ihrer Brust, am Mund oder auf den Flügeln sitzen. Diese Zuhörorgane sind so etwas wie Überlebensgeräte, da sie auf die Schallortungsrufe von Fledermäusen reagieren.

Ein Nachtschmetterling z. B., der den Fledermausruf empfängt, fliegt im Zickzackkurs aus dem Bereich ihres Ultraschallzirpens. Wenn noch genug Zeit ist, klappt der Schmetterling sogar seine Flügel zusammen und läßt sich im Sturzflug wie ein Stein fallen. Bärenspinner wiederum haben an ihrer Brust Lärmmacher entwickelt, die ein irritierendes kratzendes Antwortgeräusch produzieren. Durch diese Störung wird die anfliegende Fledermaus verwirrt und kann das Echo ihrer eigenen Laute nicht richtig deuten. Einige Nachtfalter, die über Tag in Höhlen, Baumstämmen oder Felsspalten schlafen, brechen in der Abenddämmerung auf und stoßen ihrerseits Ultraschallrufe aus. *Myotis* nun, die durch die abendliche Insektenwelt fliegt, entnimmt diesen Lautbotschaften, daß der Nachtfalter ein ungenießbarer Brocken ist, den sie lieber auslassen sollte. Warum sich bei einem schlechtschmeckenden Falter aufhalten, wenn es ringsumher Tausende von saftigen Insekten gibt?

Einige Falter und Grashüpfer besitzen akustische Rezeptoren am unteren Teil ihres Unterleibs. Stechmücken hören mit ihren Antennen. Das Trommelfell der Grillen sitzt an ihren Vorderbeinen. Bei ihrer Wanderung durchs Unterholz erforscht die Grille ihre Umgebung, indem sie sich mit ihren erstaunlichen »Zuhör«beinen orientiert. Und deren Mechanismus ist so ausgefeilt, daß sie auch mit nur einem Bein hören kann und so lebensrettende Informationen einsammelt. Können Grillen aber auch einander zuhören und ihr Insektenorchester für ein Sommernachtskonzert aufeinander abstimmen, da sie doch so ausgezeichnete Musiker sind? Im Orient werden Grillen häufig anstelle von Wachhunden als Haustiere gehalten. Denn selbst während die Grille ihre Sommersymphonie wegfiedelt, kann sie zuhören. Ihre Hörempfindlichkeit ist so groß, daß sie sogar Bodenvibrationen im Unterschallbereich feststellen kann. Wenn nun ein Unbekannter ein Haus betritt, brechen die musizierenden Grillen ihren musikalischen Vortrag alle auf einmal mittendrin ab. Die plötzliche Stille weckt dann die schlafende Familie auf.

Auch Heuschrecken tragen ein Pendant zu unserem Trommelfell an ihren Beinen; das Ohr der Wasserwanze sitzt in ihrem Brustkorb; und während der warmen Monate reagiert eine Raupe, die über die weiche Erde kriecht, auf Bodengeräusche, auf diese Weise kann sie den nahenden Räuber spüren – einen Frosch, einen großen Blaureiher, einen kleinen hungrigen Vogel. Totenuhren, die sich durch umgestürzte Bäume bohren, machen in ihren Tunneln hörbare Klopfgeräusche, indem sie mit dem Kopf gegen die Tunnelwände schlagen. Ameisen können mit einer Art Kratz- und Schabevorrichtung Geräusche von solch hoher Dichte und Tonlage erzeugen, daß das menschliche Ohr sie nicht hört.

In meiner persönlichen stummen Umwelt, hier an einem Fluß im Nordosten, weiß ich, daß es laut dort draußen ist.

*

Es ist Mitte Juni. Sie können jetzt jederzeit auftauchen, frühmorgens mit der Flut, ehe zu viele Fischer draußen sind und all die Segler ihre Bootsplätze am Fluß in Richtung Hafen und Sund verlassen. Wir werden sie im Morgengrauen entdecken, wenn wir unseren Kaffee trinken und zusehen, wie die letzten Nachtreiher in die frischbelaubten Bäume fliegen und Rotfuchs mit seinen Jungen im salzbespritzten Riedgras verschwindet, um sich vor der aufsteigenden Morgenhitze zu schützen.

Ganz plötzlich wird der Fluß mit Leben erfüllt sein, Unterwasservulkane werden blubbernde Gischtfontänen in alle Richtungen spritzen, es strudelt und wirbelt in Kreiseln, auf uns zu, an uns vorbei, zur Flußmündung hin, bis ganz ans Ende, wo die Stadt beginnt, und dann in Kreiseln wieder zurück. Wenn es soweit ist, werden sie sich den ganzen Tag lang im Fluß aufhalten, einige schnellen aus den Schaumkreisen empor und lösen sich von ihrem Element, dem Wasser. Es ist die Zeit der jährlichen Laichwanderung der Blaubarsche und Schnapper. Sie sind Abertausende, in allen Größen, und die größeren verschlingen die kleineren, während sie durch den Fluß schießen. Wir sehen Massen von ihnen, silbrig und pfeilgeschwind. Wir unterhalten uns flüsternd. Wir wissen, daß sie zuhören. Ein startender Motor richtet eine Massenkarambolage an, wenn alle gleichzeitig in trübere Tiefen abtauchen. Wir wissen, daß Fische hören können.

Beim Tauchen erreichen sie sehr schnell jene sonnenlose Zone, die ebenso undurchdringlich ist wie das tiefe Wasser der nahen See, des Ozeans. Mit den Einleitungen der Abwasseranlage an der Mündung und den Schleppkähnen, die täglich das schlammige Wasser aufwühlen und es bis zur vollkommenen Undurchsichtigkeit trüben, ist unser Fluß ein kommerzielles Gewässer. Und dennoch hören sie uns, wenn sie sich dort unten quasi übereinandergestapelt tummeln. Können sie sehen, sich zielgerichtet fortbewegen? Einige wohl, andere nicht. Es ist nicht das Sehvermögen, das einer ganzen Reihe von Fischen beim Navigieren in trübem, schwarzem Wasser hilft; es ist eine Art sechster Sinn, das sogenannte Seitenlinienorgan an beiden Flanken ihres Körpers: Eine Reihe winziger Sinnesorgane reagiert auf nahe gelegene Objekte, auf Wasserdruck und Geräusche. Es handelt sich dabei nicht um Ohren im eigentlichen Sinne, sondern um eine akustische Vorrichtung, über die die Fische Informationen erhalten, die zum Teil erfühlt, zum Teil gehört werden. Bei manchen Fischen ist diese Seitenlinie leicht zu finden, bei anderen dagegen läßt sie sich kaum ausmachen und sitzt nicht nur seitwärts am Fischkörper. Manchmal zieht sie sich auch über den Kopf, verzweigt sich, verläuft um Augen und Kiemen und endet am Unterkiefer. Auf der Seitenlinie sitzen Poren, kleine Löcher also, die zu einem inneren Kanal führen und weiter zu einem akustischen Zentrum, dem Ort, wo die Sinnesnerven enden.

In den Tiefen dunkler Gewässer teilt die Seitenlinie einem Fisch mit, was unter ihm auf seinem Weg liegt – gesunkene Schiffe, alte Bäume oder Unterwasserfelsen. Diese Linie arbeitet wie ein Radarsystem. Beim Schwimmen bringt der Fisch das Wasser zum Schwingen, die dadurch entstehenden Wellen prallen gegen den Gegenstand und werden von ihm zurückgeworfen. Blinde Fische, die unter Wasser in Höhlen leben, besitzen sowohl hochentwickelte Ohrorgane als auch hochempfindliche Seitenlinienorgane.

Nicht nur blinde Fische besitzen innere Ohren, mit denen sie Geräusche unterscheiden können. Die inneren Ohren von Fischen, die im Kopf hinter den beiden Augen sitzen, sorgen für ihr Gleichgewicht, sie stellen aber auch ein zusätzliches Hörorgan dar und haben damit eine ähnliche Funktion wie das menschliche Ohr. Das innere Ohr der Fische mit seinen Otolithen, den Gehörsteinchen – einer Art Knochen von kalkähnlicher Beschaffenheit, der im inneren Ohr von Wirbeltieren gefunden wurde – interessiert besonders Wissenschaftler, die den Streifenbarsch erforschen. Die Otolithen von Fischen erneuern sich während ihrer Lebenszeit ebensowenig wie fast die gesamte Knochenstruktur der Säugetiere. Die winzigen Kalkpartikel der Otolithen sind also so etwas wie ein Gedächtnis, und zwar in Form von chemischen Hinweisen auf ihre diversen Aufenthaltsorte und auf das, was die Fische gefressen haben. Da der Streifenbarsch vom Aussterben bedroht ist, möchten die Wissenschaftler gerne herausfinden, wo dieser Fisch gelebt hat, von welcher Qualität das Wasser in jenen Regionen war und was es mit seiner Nahrung und den eventuellen Folgen von Umweltverschmutzung auf sich hat.

Manche Fische können mit den drei kleinen, steinähnlichen Otolithen-Knochen besser hören (Welse, Karpfen) als andere (Barsche, Hechte). Solange ihre Otolithen funktionieren, ist es den Fischen egal, ob einige ihrer Brüder über raffiniertere Zuhörvorrichtungen verfügen. Nur für uns ist es ein Wunder, daß die Ohren von Fischen mehr vermögen, als nur ihre Wasserwelt zu erkunden: Ihre Ohrknochen speichern darüber hinaus Geschichte.

In diesem Jahr kann ich es kaum erwarten, daß die Wanderung beginnt. Wo haben sie sich aufgehalten – ich meine nicht die kleinsten, jene, die den nächstgrößeren zu entkommen versuchen, welche wiederum den noch größeren ... und noch größeren entfliehen ..., denn die Einprägungen ins Gedächtnis haben bei den Kleinsten gerade erst begonnen, und das ausgerechnet in ihren Ohren! Tausende werden hier im Fluß geboren, in der nächsten Woche oder etwas später werden sie an die Oberfläche flitzen, und ihre winzigen Otolithen werden Arsen, Thorium, Methan, Quecksilber, PCB und Ammoniak registrieren – dazu Radioaktivität und all die anderen Umweltverschmutzer, die die EPA (die Umweltschutzbehörde) aufgelistet hat –, kurzum, die gesamten Industrieausscheidungen, die in diesen Fluß geleitet werden.

Dieser Dreck ist ihre Geschichte.

16

»Geräusche schwellen an und nehmen ab; sie sind periodisch und flüchtig ..., was wir hören, ist die Luft, die gegen einen Widerstand stößt ..., jedes Geräusch hat eine Lebensgeschichte, die die Zuhörer verfolgen, indem sie mit einem Teil ihrer selbst in einen geschmeidig sich verändernden Strom eintauchen. Selbst widerwilliges Hören bleibt feinnervig und wird zum Teil dessen, wodurch das Geräusch sich bewegt ... Ein Teil des Zuhörers wird selbst zum schwingenden Messing der Glocke, die da läutet, ein anderer steht daneben, um zu überlegen und zu urteilen ... Die summende Mutter und das zuhörende Kind erschaffen das ursprüngliche Einssein ihrer Körper neu.«

Dave Burrows
Sound, Speech, and Music, 1990

Musik ist überall. Ist mir, als ich noch hören konnte, im täglichen Alltag überhaupt aufgefallen, daß in jedem kleinen Geschäft, in jedem Restaurant und fast jedem vorbeifahrenden Auto ein Radio lief; daß da ein manchmal leiser, manchmal dröhnender Klangteppich existierte, *vorhanden* war? Wenn ich zuhöre, schenke ich meine Aufmerksamkeit dem, was ich sehe, und der durch meine Hörgeräte gefilterten Welt aus Halbgeräuschen. Ihre Bedeutung erschließt sich mir in Sekundenbruchteilen, d. h. kurz nachdem das Erkennen sich mit dem Gedächtnis verbindet. Ich erinnere mich noch an jene elektrisierten Tage vor vielen Jahren, als ich mein erstes Paar Hörgeräte trug und wie in Trance umherging. In jedem Augenblick kam ich mir vor, als betrete ich ein Zimmer, das bisher sehr karg möbliert war. Dann, eines Morgens, stehe ich im Türrahmen und stelle fest, daß die Fenster Vorhänge haben und daß Bilder an den Wänden hängen. Plötzlich bekommt der Raum eine neue Tiefe und natürlich auch das Leben in ihm. Die Erkenntnis, daß dieser Bereich immer vorhanden gewesen ist, wirkte wie ein Schock. Wie hatte ich das vergessen können? Wann hatten diese Eigenschaften des alltäglichen Lebens aufgehört, für mich zu existieren? Wenn man zuhört, ohne hören zu können, so ist das ganz genau so – man erlebt lauter verspätete Erkenntnisse, verwirrende nachträgliche Schocks, Enthüllungen einer Vergangenheit, die gerade nur Sekunden alt ist, während die Gegenwart unbemerkt vorbeischlüpft und verpaßt wird. In zwei verschiedenen Zeitdimensionen gleichzeitig zuzuhören ist wahrlich eine knifflige Aufgabe, und ich beherrsche sie nicht gerade perfekt.

Wie schnell vergessen wir Dinge, jene ganz gewöhnlichen Dinge, die der wesentliche Bestandteil all dessen sind, was uns umgibt. Wir vergessen zu schauen, zu hören, wahrzunehmen; wir vergessen zuzuhören. In jenen ersten Tagen mit Hörgeräten, wenige Monate nach dem Unfall, schwebte ich in einem Dauerzustand von Ehrfurcht und Staunen. Die Luft wimmelte von Botschaften, die mich, so kam es mir vor, schon sehr lange nicht mehr erreicht hatten. Damals konnte ich noch ein wenig hören, und manchmal lief ich mit meinem Hund am Rande des Wassers entlang. Und Stunden später lauschte ich dann einem Wassergesang. In meinem Kopf hörte ich dem Wasser zu, wie es zart auf meine Zehen sprühte. Und dieses Lied baute ich in ein umfassenderes Klangwerk ein, das aus dem süßen Rauschen der Wellen, dem scharfen Gekrächze der Möwen und dem trockenen Knirschen meiner Füße in Sand oder Riedgras bestand. Wie war es möglich, daß mir nicht die Leere auffiel, als diese Geräusche verschwanden, mich einfach verließen? Zu einem bestimmten Zeitpunkt muß sich etwas, das die Wahrnehmung reguliert, einfach ausgeschaltet haben, um mich vor der Erkenntnis einer Katastrophe zu schützen. Wie wunderbar war es, wieder daran erinnert zu werden, denn bald darauf sollten meine Wassergesänge trotz der stärkeren Hörgeräte nur noch Erinnerung sein. Psychologen behaupten, daß Taubheit oder starke Schwerhörigkeit für jemanden, der früher gehört hat, das schwerste Trauma ist, das einem Menschen widerfahren kann.

Es war eine verzauberte Zeit. Ich war mit zwei elektronischen Miniwundern ausgestattet. Die Leute sagten zu mir: »Ach, die sieht man doch kaum« oder: »Wenn Sie Ihr Haar wachsen lassen, werden Sie niemandem auffallen.«

Sie *verstecken!* Für mich waren sie wunderschön, herrlicher als die britischen Kronjuwelen, der Hope-Diamant oder die Venus, die tief am westlichen Himmel hängt. Meine Hörgeräte sind – selbst heute noch – absolute Wunder für mich. Natürlich sind sie nicht so wunderbar wie richtige Ohren ...

*

Schallfänger oder Schalltrichter hießen sie jahrhundertelang. Heute dagegen würde man einen eher beschönigenden Begriff bevorzugen, denn von einer Hörhilfe erwartet man, daß sie keine äußere Hilfskonstruktion braucht und unsichtbar bleibt.

Mittlerweile sind Hörgeräte sehr klein, und ihr Verstärkerpotential ist effizienter als je zuvor in der gesamten Geschichte der Ohrprothetik. Und dennoch: Die Eitelkeit der

Menschen ist eine Konstante der Natur, sie bleibt, wider alle Logik, ein anfälliges Gefühl.

Wie fängt man nun aber etwas Unsichtbares ein – jene Erschütterungen der Luft, jene beweglichen Verdichtungen und Verdünnungen des unanschaubaren, lebenspendenden Elements, welches die Welt, wie wir sie kennen, zusammenhält? Wie fängt man es ein, das Unberührbare, das sich ab einem bestimmten Intensitätsgrad als Belästigung bzw. als Schmerz bemerkbar macht? Mit großer Erfindungsgabe. Die Entwicklung von Hörhilfen ist sowohl Teil der Geschichte der Akustik als auch ein Kapitel Sozialgeschichte. Im Londoner *Katalog der akustischen Instrumente für Taube* von 1883 heißt es in der Einleitung:

»Die Konstruktion mechanischer Hörhilfen erfordert den ganzen Erfindungsreichtum und Geschmack des Instrumentenbauers, da das Gerät in Konstruktion und Aussehen gleichermaßen elegant sein sollte, ohne daß das seine Wirkungsweise beeinträchtigt. Denn die Bürde der Taubheit ist groß, und die Empfindlichkeit der Leidenden sollte nicht verletzt werden und ihr Gebrechen nicht dadurch öffentlich in Erscheinung treten, daß sie Instrumente zu tragen gezwungen sind, die entweder von unschöner Gestalt oder in Farbe oder Material zu beanstanden sind.«

Unter den Angeboten dieses 19.-Jahrhundert-Katalogs zur Unterstützung des Gehörs werden zuerst die natürlichen Hilfen aufgelistet – »man halte die hohle Hand hinter das Ohr ... und lenke die Schallwellen derart in eine bestimmte Richtung«; es wird empfohlen zu gähnen und »die Ohren zu spitzen oder aufzustellen«. Letzteres wurde von einem zeitgenössischen Wissenschaftler vorgeschlagen.

Unter die improvisierten Hörhilfen fiel auch das Tragen von Sonnenschirmen, geöffneten Regenschirmen oder von Hüten aus Seide und Stroh. Im Haus sei »es vorteilhaft für die Tauben«, sich neben Wände aus Stein oder Holz zu stellen – was ich sowieso ständig tue, ohne daß ich je festgestellt hätte, daß es hilft, »wenn man große Möbelstücke mit den Fingernägeln berührt«, – vielleicht sollte ich diese Zuhörhilfe mal näher in Betracht ziehen. Und schließlich »läßt sich eine einigermaßen wirksame Trompete herstellen, indem man eine trockene Zeitung zu einer zylindrischen Röhre rollt.«

Die künstlichen Hörhilfen umfaßten eine ganze Anzahl genialer und phantasievoller Apparate. Es gab Trichter und Kegel in sämtlichen Größen und Ausführungen, einige sogar recht elegant. Mir gefällt der akustische Spazierstock besonders gut, ein individuell gestalteter Gegenstand mit einer schallversammelnden Ausbuchtung am Griff, die man sich ans Ohr hielt. Eine ziemlich unverdächtige Vorrichtung, denn bei Benutzung sah es so aus, als trüge man den Stock lässig über der Schulter. Ziemlich beliebt waren Aurikel (Hörmuscheln), manche waren mit Seide überzogen, und man trug sie mit einer verstellbaren Halterung auf dem Kopf (wie Ohrenschützer). Vor allem Frauen bevorzugten sie, denn sie ließen sich gut unter einer Haube oder einer toupierten Frisur verbergen.

Versteckte Geräte waren insgesamt sehr erfolgreich. Sie waren das Zugeständnis der Hersteller an »eine angeborene Scheu vieler Menschen …, ihre Gebrechen kundzutun«. Schallfänger wurden deshalb höchst erfindungsreich untergebracht – in Handtaschen, Operngläsern, Fächern, Bartbinden und in einem ziemlich unhandlichen, broschenähnlichen Gerät, das sich am Kleid befestigen und mit einem Blumenarrangement oder Spitzenkragen verbergen ließ. Ein Röhrchen vom Buketthalter, wie das Ding genannt wurde, zum Ohr verrät das Geheimnis.

Eine der ältesten mechanischen Hörhilfen ist das Flüster- oder Hörrohr. Es konnte von unterschiedlicher Länge sein und bestand aus einem biegsamen Rohr aus Gummi oder einer elastischen Metallfeder, die mit weichem Stoff überzogen und an einem Ende so geformt war, daß sie über oder in das Ohr paßte. Das Mundstück am anderen Ende war der Schallfänger, der sämtliche Varianten der Trichterform aufweisen konnte. Die Verständigung zwischen hörender und tauber Person sollte dadurch vonstatten gehen, daß die hörende Person ins Mundstück flüsterte. Der Autor eines medizinischen Ratgebers von 1894 merkt an, daß eine zu laute Stimme bei der Benutzung des Rohrs »unerträglich ist, da gemeinhin akustische Hyperempfindlichkeit und Schwindel im Kopf gleichzeitig auftreten«.

Das Flüsterrohr erinnert mich an ein elektrisches Gerät, das ich vor Jahren eine Zeitlang benutzte. Es war ein Zusatz für mein erstes Hörgerätepaar. Hauptsächlich benutzte ich es bei Restaurantbesuchen. Ich stellte dann einen kleinen Verstärker auf den Tisch, und ein Mikrophon, das am Hemd oder Jackett meiner Begleiterin klemmte, war der Schallkollektor. Der verstärkte Schau wurde dabei über magnetische Wellen zum »Telefonempfänger« geleitet, der in mein Hörgerät eingebaut war. Die Äußerungen meiner Freunde sollten mit Hilfe dieses Zusatzgeräts, das solche Telefonsignale empfangen konnte, eigentlich direkt und ungestört von Lärm und den anderen Gesprächen im Restaurant an mein Hörgerät weitergeleitet werden.

Wir probierten es immer wieder aus und benutzten diesen Vorwand für wöchentliche Essensverabredungen zu den unterschiedlichsten Tageszeiten, um den Lärmpegel in den Restaurants unter verschiedenen Bedingungen zu testen. Wenn es auch kein kompletter Reinfall war, so funktionierte es doch ziemlich schlecht, da das Minimikrophon an Elsas Jackenaufschlag – in seiner Fastunsichtbarkeit und Leistungsstärke ein wahres Wunder moderner Technologie – nicht nur

Elsas Stimme aufnahm. Ich hatte zu dem Zeitpunkt schon so lange nicht mehr richtig gehört, daß ich viele aufgefangene Geräusche gar nicht entschlüsseln konnte. Ach, der Ventilator, sagte sie dann z. B. oder: Der Kellner da hinten hat nur sein Tablett fallen lassen oder ... Die Überraschungen, die in meinem Kopf landeten, nahmen kein Ende.

Wir gaben es bald auf und kehrten zu unserer alten Methode zurück – seitdem lese ich wieder von den Lippen und bitte mit einem verabredeten Zeichen um Wiederholung, wenn ich etwas nicht verstanden habe. Vielleicht wäre ein altmodisches Hörrohr das beste gewesen, jenes mechanische Gerät aus der vorelektronischen Ära mit seinen verkleinerten Im-Ohr- oder Hinter-dem-Ohr-Schalltrichtern oder Schallfängern.

*

Nach dem Unfall verlor ich sehr schnell mein Gehör. Am Anfang stand also der große Verlust, gefolgt von einem längeren Zeitraum, in dem mein Resthörvermögen allmählich fast ganz verschwand. Während dieser Phase sagte ich bei den jährlichen Untersuchungen zu meinem Ohrenarzt: »Ich glaube, ich habe Wachs in meinen Ohren« oder: »Irgendwas stimmt nicht mit meinen Hörgeräten. Ich kann sie nicht mehr laut genug stellen.«

Überall lauerte das Ausgeschlossensein. Etwas geschah um mich herum, und ich reagierte nicht. Ich bemerkte es nicht, bis mich jemand darauf aufmerksam machte. Eines Tages, in einem seltenen Moment der Wahrheit, gestand ich mir ein, daß ich immer, wenn ich einen Laut, einen Lärm, ein Irgendwas hörte, genau nachdenken mußte, um herauszubekommen, was ich da eigentlich hörte. Ich verlor allmählich die Fähigkeit zur Bestimmung von Geräuschen. Und was noch schlimmer war – wenn ich wirklich etwas hörte, so konnte ich nicht sagen, aus welcher Richtung das Geräusch kam. Schwerhörigkeit war eine Sache; Taubheit – und alles, was dieses Wort beinhaltet – war eine andere. In jenem Jahr schwänzte ich die Kontrolluntersuchung. Zu dem Zeitpunkt trug ich schon Hörgeräte. Mehr konnte man doch nicht tun!

Im folgenden Jahr ging ich dann doch wieder zur Ohrenuntersuchung. Und man teilte mir genau das mit, was ich erwartet hatte: Ich besaß nur noch einen geringen Rest an Hörvermögen. Außerdem wurde mir ein Test mit Hörgeräten vorgeschlagen, der darüber Auskunft geben würde, ob mir neuere, raffiniertere Modelle helfen könnten.

Zweimal verschob ich den Termin. Der Tag, an dem ich dann schließlich hinging, war kalt und feucht und so düster wie meine Stimmung. Die Audiologin hatte sich die Ergebnisse meiner Tests angesehen. Sie hatte die Möglichkeiten eingegrenzt. Es gab zwei neue Hörgeräte, von denen sie glaubte, sie könnten meine Wahrnehmung und die Fähigkeit zum Erkennen von Geräuschen verbessern. Selbst die besten Hörgeräte können das Hörvermögen nicht wiederherstellen, aber sie sind in der Lage, den Rest, der einem Menschen geblieben ist, auf ein Höchstmaß zu steigern. Ein Hörgerät verstärkt den Schall, und das häufig sehr unvollkommen. Je fortgeschrittener die Technik, um so besser die Qualität der Information, die der Träger eines Hörgeräts beim Zuhören empfängt. Ich hatte die gewöhnlichen Geräusche des Lebens ganz vergessen. Ich war so schlecht vorbereitet auf diesen Nachmittag.

Beide Modelle waren wunderbar, das eine schien mir aber geeigneter. »Klingt, als ob draußen auf dem Flur ein paar Kinder herumtoben« – das waren meine ersten, vollkommen überwältigten Worte. Die großen Behandlungszimmer der New Yorker Liga für Schwerhörige, die sich Menschen wie mir widmet, waren immer außergewöhnlich ruhig gewesen, auch bei absoluter Überfüllung. Ich hatte einfach vergessen, daß das nur *meine* Wahrnehmung war.

»Oh …, die Kinder spielen da draußen schon seit einer Stunde, seit Sie hier im Raum sind.« Meine Audiologin schlug mir einen kurzen Spaziergang vor, ich sollte durch die Flure und die Büros schlendern, je nach Lust die einzelnen Zimmer betreten und einfach zuhören. Zuhören!

Ich hatte immer geglaubt, ich *höre* zu. Was ach so viel mehr bedeutete, als nur die Tätigkeit seiner Ohren zu verstärken. Zuhören bestand für mich inzwischen in dem mühseligen Versuch, zumindest einige Geräusche, wenigstens etwas vom Leben um mich herum zu verstehen. Zuhören war das Versprechen, daß eine Verständigung mit dem Menschen neben mir tatsächlich möglich war.

Das erste, was mir nun auffiel, war Musik. In jedem noch so kleinen Kämmerlein lief ein Radio und verfremdete die Umgebung, die ich immer für so asketisch gehalten hatte. Im Wartezimmer war es sehr laut. Das Umschlagen der Seite in einer Zeitschrift ließ mich zusammenfahren, es war eine Explosion, ein Feuerwerkskörper, der meine Sinne betäubte. Überall gab es Geräusche. Ich begriff nicht, was sie alle zu bedeuten hatten …, aber sie *waren* … zu hören …, es waren Geräusche!

Ich kehrte in den kleinen Raum zurück, wo ich die Geräte eingesetzt hatte, und eine ungeheure Traurigkeit ließ meine Stimme zu einem Flüstern werden. »Da draußen ist eine ganze Welt«, sage ich. »Wie ist es möglich, daß ich das nicht wußte …, vergessen habe …, und … werde ich je wieder Zugang zu dieser Welt erlangen?« Ich wußte, wie teuer diese wunderbaren Hörgeräte waren. Ich hatte gleich zu Anfang danach gefragt. Zu dem Zeitpunkt war ich arbeitslos und hatte immense Schulden. Ich weinte auf dem ganzen Nachhauseweg.

Es war kalt und wurde früh dunkel, Januar. Ich öffnete die Tür meines Hausboots und ging hinein. Sheena signalisierte mir, daß das Telefon klingelte, ein Telefon speziell für meine Bedürfnisse. Es war Jack Lee, ein alter Freund und ein treues Mitglied des örtlichen Lions-Club; ein Mann, der einen Großteil seines Lebens der Arbeit mit den Lionsleuten und ihren Behindertenprojekten gewidmet hatte, vor allem der Blindenhilfe. Er sagte irgend etwas davon, daß die Lionsleute sich jetzt mehr um Projekte mit Hörgeschädigten kümmern wollten. »Sag mal«, fragte er, »brauchst du auch neue Hörgeräte? Meine Gruppe würde gerne etwas für dich tun ...«

Ich hatte noch nicht einmal meinen Mantel ausgezogen. Der Wind schaukelte das Boot. Ich sagte: »Jack ..., könntest du das bitte noch mal langsam wiederholen? Du weißt, ich höre schlecht ...« Die Lions-Gruppe kannte mich. Wir hatten gemeinsam Gelder gesammelt, als ich vor zehn Jahren Bibliothekarin für Behinderte gewesen war.

Damals vor neun Jahren wurde plötzlich der ganz normale Alltag zu einem einzigen Abenteuer. Ich war überhaupt nicht mehr an das beständige Gemurmel des Lebens um mich herum gewöhnt. Phänomene, die die meisten für selbstverständlich halten, über die sie gar nicht nachdenken, verblüfften mich einfach durch ihr *Vorhandensein* und ihre Nähe, es waren abrupte Einbrüche in die Stille, an die ich gewöhnt war. Da war zum Beispiel dieser Sonntag. Ich stelle meine Minischalter auf »on«. Aus dem Lautsprecher im mehrere hundert Meter entfernten Yachthafen dröhnt eine Mitteilung. Nachdem ich die ganze Woche hingehört habe, beginne ich einige Worte zu entziffern. Ich hatte nun schon über drei Jahre auf der *Bette Anne* in diesem Bootshafen gelebt. Und ich hatte nie gewußt, daß es ganz in der Nähe einen Lautsprecher gab, der für jeden zu hören war, außer für mich.

Was offenbarte sich mir noch? Eines Morgens um sechs Uhr

hatte das Pärchen im Nebenboot eine lebhafte Auseinandersetzung darüber, wer die Zeitung holen ging. Und als meine Hündin bellte, stellte ich fest, daß ein anderer Hund von einem Nachbarschiff sie begrüßte. Antwortete dieser Hund ihr jeden Tag? Wahrscheinlich. Wenn Sonntag ist, schalte ich die Welt ab, mit einem simplen Umstellen auf »off«. Der Sonntagsverkehr von Menschen und Fahrzeugen ist nervig. Andere beklagen sich. Nur ich habe die freie Wahl.

In jenen *selbstgewählten* Momenten vollständiger Stille muß ich immer wieder an jenen elektrisierenden Morgen denken, an dem meine neuen Hörgeräte mit Einschreiben kamen – eine kleine Schachtel, und ich brannte darauf, dieses wahre Füllhorn auszupacken. Sie hatten einen Zettel beigelegt: »Der Lions-Club von Melville (New York) dankt für die Ehre, daß er die Qualität Ihres Lebens verbessern durfte.« Mit zitternden Händen riß ich das Einwickelpapier auf. Das Innenleben der neuen Geräte war völlig anders als das meiner alten. Die neuen Hörgeräte waren winzige Computer, Wundergebilde aus lauter einzelnen Elementen, die nach einem höchst komplizierten, unbegreiflichen Plan zusammengefügt waren. Ich mußte sie zu meiner Audiologin bringen, die sie auf meine Welt einstellte.

Und dann war eine Zeitlang Musik in meinem Heim. Weich zog sie über das flache Gewässer hin, in dem die *Bette Anne* lag. Ich holte einen speziellen Zusatz hervor, der den Kassettenrecorder mit den neuen Hörgeräten verband – meiner heimlichen Verbindung zu einer Welt, die mir so lange gefehlt hatte. Ich berührte die Kassetten. Ich hatte sie so lange nicht mehr gehört. Ja ..., eine Zeitlang ... war Musik wirklich überall.

*

Die alten mechanischen Schallfänger besaßen romantischen Charme. Ich sehe mich richtig, wie ich einen Fächer mit eingebautem Schalltrichter schwenke, während Elsa und ich Hunan-Lamm oder Tung-Ting-See-Garnelen extrascharf bestellen. Ich bezweifle, daß ich meinen Schallkollektor in einer wilden Frisur oder meinem Muff versteckt hätte ..., aber im Spazierstock schon, ja, ganz gewiß, im Spazierstock. Und der hätte außerdem noch Platz für eine heimliche Flasche Brandy, mit dem Schlückchen für schwierige Momente.

Die Ära der mechanischen Hörhilfen endete im frühen zwanzigsten Jahrhundert. Elektrische Geräte auf Kohlefaden- oder Vakuumröhrenbasis sorgten seitdem für Verstärkung. Und mit der Erfindung des Transistors begann 1947 dann ein neues Zeitalter. Das moderne Hörgerät ließ sich nun – in seiner 1953 entwickelten Miniausgabe – auf elektronischem Wege individuell programmieren.

Im Augenblick trage ich mein drittes Paar Hörgeräte, regelrechte digitale Wunderwerke. Ich kann zwar weder die Vögel noch das Platschen meiner Füße in der Abendbrandung hören; auch das Einfallen der Gänse in unseren Hafen, ihren nächtlichen Ruheplatz, höre ich nicht; oder den Nachbarhund oder das Hin und Her zwischen ihm und Sheena. Das Radio klingt verschwommen, und ich weiß nie, ob ich den Wetterbericht auch verstanden habe. Doch Unterhaltungen kann ich besser folgen ..., wenn auch mit Unterbrechungen, da ich nicht jedes Wort verstehe. Aber in einem Zweiergespräch kann ich, mit zusätzlichem Lippenlesen, eine Unterhaltung genauso genießen wie mit einem Hörrohr. Nur weniger auffällig.

Die neuen Hörgeräte sorgen immer wieder für plötzliche Überraschungen. Man hat einen höchst ungewöhnlichen Schall eingefangen, ein verwirrendes Rätsel, das schließlich von jemandem entziffert wird, der hören kann, und man selber erinnert sich, daß man das Geräusch einst kannte.

Ich lese gelegentlich von allerneuesten Wunderwerken ..., es gibt sie auch schon, sie sind aber noch nicht marktreif. Wir haben gelernt, das Kleine zu schätzen. Die neuen digitalen Geräte nun weisen erstaunliche Verbesserungen auf, mehrere Mikrophone, dazu Teilelemente, die den Hintergrundlärm weit stärker reduzieren als die üblichen Modelle mit nur einem Mikrophon. All das paßt allerdings nur in ein Gehäuse, das am Körper getragen werden müßte. Eine Ausführung, die wir für längst von der Technologie überholt hielten. In einem dieser Berichte heißt es: »Wir erwarten, daß im Zuge der fortschreitenden Mikroverkleinerung von Digitalchips die erforderlichen Bauteile für digitale Hörgeräte so klein werden, daß in naher Zukunft Geräte entwickelt werden können, die entweder gut hinters Ohr oder ganz hinein passen.«

Ich möchte diese neuen Wunder jetzt haben! Möchte mir dieses Modell anklemmen, das man am Körper tragen muß und das über einen Draht mit den Ohren verbunden ist. Und, *wer weiß,* vielleicht fange ich ja das Kreischen eines Blaureihers auf Futtersuche ein. Ich möchte allem, was da draußen ist, zuhören können, ohne daß ich die Hörgeräte in allen Einzelheiten verstehen muß; Technologie interessiert mich nicht; das Hören – wie immer es auch zuwege gebracht wird – allerdings schon.

*

Meine Glückspilzeigenschaft – völlig überraschend widerfahren mir die erstaunlichsten Dinge – verließ mich auch 1984 nicht (ein Jahr – in dem ich vier Monate lang den Kai und den Schwimmsteg mit einem Gipsbein und Krücken und weitere drei Monate mit einem Gipsarm passieren mußte und in dem obendrein auch noch die *Bette Anne* sank). Kurz nachdem mir die Melville-Lions meine neuen Hörgeräte geschenkt hatten, ging ich in einen Laden für Autozubehör, um Zündkerzen für mein kränkelndes vierzehn Jahre altes heißgeliebtes, betagtes Chevy-Kabriolett zu kaufen. Der Besitzer war ein Mitglied des Lions-Club von Huntington, einem Nachbarort von Melville. Joe sagte: »Hannah … wir wollen uns jetzt auch im Gehörlosenbereich engagieren. Es ist verrückt, daß du gerade kommst … Ich sollte dich heute anrufen … Wir wissen von den Hörgeräten …, was können wir sonst für dich tun?«

Sollte ich wagen, es ihm zu erzählen …? Es war solch ein schreckliches Jahr! Und die Liste der Dinge, die ich mir wünschte, war lang. Ich hatte fast all meine Habe und sämtliche Haushaltsgeräte verloren, als mein Heim in jenem irrsinnigen Sturm gesunken war. Das Schiff war noch in derselben Nacht von Hausbootnachbarn geborgen worden, und ich lebte weiter an Bord. Denn das war der Ort, wo ich sein wollte.

Die Liste war wirklich lang. Ich wußte, was ich wollte. Etwas, das schon vor dem Untergang ganz oben auf meiner Liste gestanden hatte.

Ich wünschte mir ein TDD – ein Telekommunikationsgerät für Taube. Das war ein Telefonsystem, das es mir ermöglichte, sowohl meine Anrufe einzutippen als auch telefonische Mitteilungen als Schrift zu empfangen. Die heutige Möglichkeit der Kommunikation über staatliche Relaisstationen gab es damals noch nicht, aber ich wußte von einer ganzen Reihe von Bekannten und auch von Dienstleistungsunternehmen, die das TDD-System schon besaßen. Deshalb war ich fest überzeugt, daß das Telefonieren für mich dadurch sehr viel einfacher werden würde als mit den Lautsprecher-Zusatzteilen, die ich hatte.

Ich bat Joe also um ein TDD …, und ich war so aus dem Häuschen über seine Zusage, daß ich das Geschäft ohne die Zündkerzen verließ.

Die Huntington-Lions luden mich zu einem Vereinsessen ein und überreichten mir ihr Geschenk. Während Sheena auf meinen Zehen lag (und die Krümel auf dem Boden aufleckte), hielt ich eine kleine Ansprache. Irgend jemand hat meine improvisierten Worte aufgenommen und sie für mich abgetippt:

»Es war einmal eine Frau, die sprach. Ihre Stimme, deren Echo den Raum erfüllte, war selbst schon ein Wunder. ›Der Klang der Stimme‹, sagte sie, ›bringt Sprache hervor, setzt Gedanken in Bewegung ..., unser Schweigen ist nicht von jener Sorte, die die müden Sinne beruhigt; es ist das unmenschliche Schweigen, das ausgrenzt und entfremdet ..., ein Schweigen, das einsam macht.‹

Helen Keller hat beschrieben, was Verständigung für sie bedeutete; was es für sie hieß, darauf verzichten zu müssen; was es hieß, auf ganz sinnliche Weise von all dem abgeschnitten zu sein, was einen umgibt. Sie erinnerte sich an früher, an das wilde, taubblinde Kind, das sie gewesen war, mit einem Verstand, der wie ein fruchtbares, aber brachliegendes Feld war, ein Acker im Wartezustand.

Ich bewundere Helen Keller, ich bewundere die Größe ihrer inneren Visionen. Sie hat vom Unterschied ihrer zwei Behinderungen gesprochen. ›Die Probleme der Gehörlosigkeit sind komplexer ... als die der Blindheit. Taubheit ist ein viel schlimmeres Unglück, da jener lebenswichtige Stimulus fehlt – der Klang der Stimme.‹

Ich weiß, daß es für Sie fast unmöglich ist, sich vorzustellen, was es heißt, wenn ich sage: ›Ich bin taub.‹ Meine Brille verrät Ihnen, daß ich nicht gut sehen kann. Der Gips an meinem Arm weist auf einen Unfall. Nichts an mir aber teilt Ihnen mit, daß meine Welt stumm ist. Und ich kann Ihnen nicht beschreiben, wie meine Welt beschaffen ist. Sie können Ihre Ohren nicht wirklich schließen.

Sieben Jahre lang habe ich ohne Telefon gelebt. Das war einfacher. Letztes Jahr habe ich den Bitten von Kindern, Familie, Freunden und Redakteuren nachgegeben und mich wieder an die reale Welt angeschlossen, obwohl meine Hörfähigkeit sich inzwischen außerordentlich verschlechtert hat. Ich habe einen Anrufbeantworter und kann die Botschaften nicht verstehen. Jemand hilft mir, ihren Sinn zu erfassen.

Das Telefon war für mich nicht der Beginn der Freiheit. Ich merkte bald, daß ich, wenn mein Telefon wirklich ein Verständigungsapparat sein – ›Gedanken in Bewegung setzen‹ – sollte, ein Telekommunikationsgerät für Taube brauchte, ein TDD. Angeschlossen ans normale Telefon würde ich meinen Teil der Unterhaltung sprechen oder tippen und eine ausgedruckte Antwort empfangen können.

Wie kann ich Ihnen danken? Emerson hat einmal gesagt: ›Ein Geschenk ist ein Teil von einem selbst.‹ Sie haben mir ein kostbares Geschenk gemacht – Sie haben mich wieder mit der Unmittelbarkeit spontaner Unterhaltung verbunden – und Sie haben mir Unabhängigkeit geschenkt. Ich werde oft an Sie denken ..., ich umarme jeden einzelnen von Ihnen ...«

Im Herbst 1983 erschienen Profilaufnahmen von Präsident Ronald Reagan in den Zeitungen, und man sah ein kleines Hörgerät in seinem rechten Ohr. Mr. Reagan hatte, einem Sprecher zufolge, im Alter von zweiundsiebzig Jahren die Hoffnung ausgesprochen, »daß er mit seinem öffentlich getragenen Hörgerät Menschen Mut machen könnte, die sich scheuten, eines zu tragen«.

Mut machen!!! In dem Artikel der *New York Times* heißt es weiter, daß »Mr. Reagan schon seit den 30er Jahren Hörprobleme hat, seit bei Dreharbeiten eine 38er Pistole neben seinem Ohr abgefeuert wurde«. Und *Newsday* vom 8. September 1983 schreibt, daß »der Präsident schon seit einigen Jahren Schwierigkeiten hat, Fragen zu verstehen und einer Unterhaltung zu folgen. Während der Präsidentschaftskandidatur 1980 überlegten seine Wahlkampfberater, ob er ein Hörgerät tragen sollte, und entschieden sich dagegen, weil es die Wähler an sein Alter erinnern würde.«

Was konnte eine erboste taube Schriftstellerin tun? Ich schrieb einen Leserbrief, der in der *Chicago Tribune* erschien (16. Oktober 1983):

Mr. Reagan, hören Sie zu?

Lieber Präsident Reagan,
ich muß mich bei Ihnen bedanken. Aufgrund einer Nachricht, die ich kürzlich in der Zeitung las, habe ich etwas getan, wovon ich schon seit Jahren spreche. Ich habe meine Hörgeräte rosa angemalt ...

Verehrter Präsident, ich habe meine Hörgeräte immer wunderschön gefunden, nicht erst jetzt, sondern auch gestern, als sie noch gelbbraun waren, und das ist die Farbe der Unentschiedenheit. Sie verkörpern für mich eine Dimension des Lebens, einen Sinnesbereich, der mir fehlt: die Geräusche.

Der Nachricht entnehme ich ebenfalls, daß wir auch andere gemeinsame Probleme haben.

Beide stolpern wir mit unseren Sehhilfen etwas weniger unsicher durchs Leben, Sie mit Ihren Kontaktlinsen, ich mit meiner ständig verlegten Brille. Sollte ich je ernsthaft befürchten, daß ich demnächst auf einer einsamen Insel stranden werde, dann würde meine Überlebensausrüstung todsicher mehrere Ersatzbrillen, Ersatzhörgeräte und jede Menge Batterien enthalten. Wie könnte ich mir sonst Nahrung suchen oder mich vor wilden Tieren schützen? Allerdings ... Schiffbruch erleiden und von der normalen Kommunikation abgeschnitten sein, das sind nicht gerade Themen, mit denen sich ein Präsident, eine öffentliche Figur, häufig beschäftigt. Kein Wunder, daß Sie fünfzig Jahre gewartet haben, bis Sie sich ein Hörgerät anschafften. Sie mußten ja niemals allein sein.

In dem Artikel heißt es, daß Sie in den 30er Jahren Ihr Gehör verloren. Weiter heißt es dort, Sie hätten mit Ihren Beratern darüber diskutiert, ob Sie Ihr Gehör mit einem Gerät verbessern sollten oder nicht, da Ihre Wähler womöglich an Ihr Alter erinnert würden. Ein Gerät würde also Ihrem Publikum signalisieren, daß Sie unvollkommen sind – wie die meisten von uns.

Ich kann mich nicht erinnern, daß Franklin Delano Roosevelt seinen Rollstuhl versteckt hätte. Statt dessen ermutigte er alle Rollstuhlfahrer dieser Welt, auf ihren eigenen zwei Rädern zu stehen. Als ich vor kurzem entdeckte, daß ich wahrscheinlich sehr bald auch mein Resthörvermögen verlieren würde, war ich gelähmt vor Angst, denn schon jetzt weiß ich, was Isolierung bedeutet. ›Na und!‹ sagte meine muntere Schwester. ›Wer in der Welt steht schon auf seinen zwei eigenen Ohren?‹

Wir haben noch etwas gemeinsam, verehrter Präsident. Auch ich bin aufgrund eines Unfalls hörgeschädigt. Mir passierte es vor zwölf Jahren, als ich neununddreißig war. Das hat mein Leben verändert..., aber fünfzig Jahre warten, bis man etwas zur Verbesserung unternimmt??

Ich wäre stolz auf einen Präsidenten, der sein Hörgerät selbstbewußt zur Schau stellt. Welch ein Ort der Macht, um die kleinen Wunder des modernen Lebens zu propagieren! Ich könnte mir vorstellen, daß Hörgeräte mit ein wenig Werbung beliebter als Ohrringe würden. All jene Menschen, die noch zögern, die Angst um ihr Image haben, die eine Erleichterung ihres Lebens jahrelang aufschieben (wie ganz offensichtlich auch Sie) – bedenken Sie nur, welch ungeheuren Einfluß Sie da haben könnten!

Doch ach, es stimmt leider. Sie selbst wissen es. Die Eitelkeit hatte die Übermacht, sie war stärker als die Wahrheit, als die Not, als Geräusche, als Berührungen. Denn ein Hörgerät bedeutet vor allem eines: Berührung.

Verehrter Präsident, ich habe meine beiden Hörgeräte zufällig mit einem rosa Filzstift angemalt. Und die Farbe geht schon wieder ab, da ich ständig zärtlich daran herumfingere. Vielleicht sollte ich Nagellack benutzen ... Sie sehen, wie wichtig diese Angelegenheit ist. Es gibt Millionen von Menschen da draußen, die noch lange nicht das siebte Jahrzehnt erreicht haben, und sie bräuchten nur eine kleine Ermunterung, um zu begreifen, daß es wirklich stimmt. Wenn man nicht ganz so hervorragend hört, dann ist das zwar bitter und lästig, aber es bedeutet nicht das Ende der Welt. Ich weiß, sie brauchen jemanden, der laut und deutlich für sie spricht. Ich wünschte, Sie hätten das getan.«

Nichts ist endgültig. Weder im Bereich der Wissenschaften noch dort, wo es um all die anderen menschlichen Entdeckungen geht. Bis vor kurzem glaubte man z. B., daß die obere Schallgrenze für das menschliche Gehör – wenn es in Höchstform ist – bei 20000 Hertz liegt. Ab da übersteige der Schall das menschliche Hörvermögen und werde zu Ultraschall.

Im Juli 1991 nun stand in der Zeitschrift *Science* ein bemerkenswerter Bericht mit der Überschrift »Menschliche Sprachwahrnehmung im Ultraschallbereich«. Darin heißt es unter anderem: »Man hat festgestellt, daß via Knochen übertragener Ultraschall in der Lage ist, das Unterscheiden von Frequenzen und das Verstehen von Sprache bei normalen altersschwerhörigen oder sehr stark hörgeschädigten Menschen wesentlich zu verbessern. Wenn Sprachsignale in den Ultraschallbereich übersetzt wurden, konnten Menschen, die auf die Worte horchten, deutlich Sprachstimuli vernehmen und eben nicht ein Hochfrequenzschwingen. Diese Daten lassen darauf hoffen, daß das Ultraschallhören mittels Übertragung per Knochen zukünftig eine alternative Verständigungsmethode bei der Behandlung von Hörschäden sein kann.«

Unter den richtigen Bedingungen (man klopfe auf Holz ... respektive den Schädel) kann also Sprache offensichtlich von hörenden ebenso gut wie von schwerhörigen Menschen auch in den exklusiven Ultraschallbereichen verstanden werden. Der Pfiff dabei oder das Sesam-öffne-dich für den Ultraschallbereich ist die Übertragung durch Knochen. »Ultraschallhören«, so heißt es in dem Artikel weiter, »... kann möglicherweise eine ernstzunehmende alternative Kommunikationsweise ... für Personen mit unterschiedlich schweren Hörschädigungen sein.«

Was als der äußerste Endpunkt computerisierter Hörgeräte erschien, ist also kaum erst ein Anfang. Die akustischen Entdeckungen lassen die Existenz eines Hörorgans vermuten, das nicht die Cochlea, die Schnecke, ist und dennoch »die Geräusche des täglichen Lebens abhorcht ..., eine neue Chance für die Entwicklung von Geräten, die denen helfen, die wenig oder nichts in den normalen Hörbereichen hören« *(New York Times,* 5. Juli 1991). Auch das war eine Glückspilzentdeckung.

Der Wissenschaftler Dr. Martin L. Lenhardt leitete einen Versuch, bei dem vom Aussterben bedrohte Seeschildkröten von den Küsten ferngehalten werden sollten. Auf diese Weise wollte man ihre Lebenschancen vergrößern. Dr. Lenhardt und seine Kollegen benutzten dabei Ultraschallwarnsysteme und konstatierten »eine ganze Reihe von Lautabstufungen und -unterschieden bei Frequenzen, die als weit außerhalb des menschlichen Hörbereichs galten, nämlich im Bereich von 30000 Schwingungen pro Sekunde und darüber«. Sie benutzten ein Gerät, das am Kopf angebracht und in der Lage war, auf Geräusche mit schnellen Schwingungen zu reagieren. »Man nimmt die Schwingungen als Geräusche wahr«, sagte Dr. Lenhardt, als das Gerät im Hochfrequenzbereich vibrierte. Er entdeckte mit seinen Forschungskollegen, daß Worte, die mit Ultraschall durch ihr Vibrationsgerät geschickt wurden, gut zu verstehen waren. Wenn die Knochen im Kopf durch Ultraschallärm in Schwingung versetzt werden, gaben sie nicht das erwartete »monotone Kreischen« weiter: »Was mich überraschte«, so Dr. Lenhardt, war die Tatsache, daß »es wie Sprache klang, als ich es zum erstenmal hörte«.

Die mögliche Nutzung dieses Phänomens befindet sich noch in der Experimentierphase. Dr. Lenhardt konzentriert sich mittlerweile auf den Sacculus (das Säckchen), ein Organ im inneren Ohr, das aus einem winzigen mit Gel gefüllten Säckchen besteht und gewöhnlich mit dem Gleichgewichtssinn in Zusammenhang gebracht wird. Vielleicht wandern Wellen, die von den Schädelknochen aus jenes Säckchen passieren, an der Schnecke (die bisher als Schallempfänger galt, der akustische Botschaften zum Gehirn weiterleitet) vorbei zum Gehirn. Das verspräche wahre Wunder für die Zukunft der Tauben und Hörgeschädigten. Stimulation durch knochengeleiteten Ultraschall »stellt vielleicht eine alternative Therapie bei schwerem Hörverlust dar«. Die Forscher »denken klein«, wie es sich für wissenschaftliche Spürhunde des fast-einundzwanzigsten Jahrhunderts gebührt. Sie hoffen, so schreibt die *New York Times,* »schließlich im Besitz eines Teilchens von der Größe einer Münze zu sein, das man an den Hals kleben kann und das normale Sprache für diejenigen, die teilweise oder vollkommen taub sind, in Ultraschallaute übersetzt«.

Meines soll bitte schön sichtbar sein. Ich werde es rosa anmalen ..., Rollkragen habe ich sowieso nie gemocht.

17

»... Ich schließe meine Augen, und der Planet ist nur noch akustisch: die Äste der Bäume, zu Tubas und Saxophonen verdreht, werden von großen Händen gepackt, die die Ventile herunterdrücken, und überall auf dieser Ranch höre ich barbarische Musik – geisterhafte Melodien, die nicht von wild gewordenen Tieren stammen, sondern von Gras, von Beifuß und von singendem Zaundraht ...«

Gretel Ehrlich
Island, the Universe, Home, 1991

Meine Welt ist erfüllt von Gegenwärtigkeiten – von Schwingungen, Schwirren, Bewegung –, ein stummes optisches Fest. Ich lausche ihm im Halbdunkel des nahenden Morgens, während Harvey und ich im Ruderhaus unseres Bootes, der *Haimish,* frisch gemahlenen Kaffee trinken und die Hitze des neuen Tages in immer dunkler leuchtendem Rosa aufsteigt. Wir sehen den Geschöpfen des frühen Lichts zu – flüchtige Nachtreiher huschen ins Gewirr der Bäume, Kormorane stehen auf einem halb versunkenen Reifen im flachen Wasser, ihre Flügel mit welligem Rand sind zum Trocknen weit ausgebreitet; graue Blaureiher und schlanke weiße Silberreiher staksen durch den Schlick; Möwen gleiten im Niedrigflug auf unsichtbaren thermischen Winden; dazu der exotische, stürmische Flug einer riesigen Wolke rotflügeliger Drosseln, die alle gleichzeitig in einem einzigen Baum landen. Uferläufer und Regenpfeifer hüpfen an der Wasserlinie entlang über den nassen Sand; Gänse steigen aus dem Ried auf, wo sie die Nacht verbracht haben; unsere Schwäne und Stockenten kommen herbeigeschwommen, um ihren Morgenimbiß in Empfang zu nehmen, den wir ihnen zuwerfen. Ein Entenpaar watschelt über das Dach meines Büros, der *Bette Anne.* Unsere jüngste Katze, Elias, pirscht sich auf dem Steg zwischen den beiden Booten an das selbstzufriedene Paar auf dem Dach heran. Das Weibchen schnattert wild drauflos, das Männchen an seiner Seite schweigt mit geschlossenem Schnabel. »Ein Komponist«, sagt Harvey aufgeregt, »könnte darüber ein Stück schreiben, einen musikalischen Morgentanz der Vögel ... und ein weiteres Stück über ihre ewigen Unterhaltungen.«

Ich beobachte unsere Winter- und Sommerflieger, erfasse ihre Choreographien, erkenne ihre je charakteristischen Tänze in ihrer Einzigartigkeit und Bedeutung für die Gattung: Ihre Bewegungen sind Teil ihres Verständigungssystems. Mir fällt Alexander Graham Bells Ehefrau Mabel ein, eine taube Lippenleserin. Sie wurde in der oralistischen Tradition erzogen, die die Zeichensprache verbietet. Ihre Enkelin erzählt: »Es hat mich stets ungeheuer beeindruckt ..., das Thema ..., das Geräusch und das Schweigen. Er hat immer versucht, Geräusche für sie neu zu erschaffen, und sie hat immer versucht, diese Geräusche zu verstehen ..., sie konnte sich nicht an Geräusche erinnern ..., und immer, wenn wir mit ihnen spazierengingen, hat er ihr von den Geräuschen erzählt, die er hörte ... von einer Kuhglocke oder was es auch war.«

Die Stimmen der Vögel wären für mich verloren, wenn Harvey mir nicht ihre jeweiligen Klangfolgen beschriebe und mit Worten mein Gedächtnis weckte. Auf diese Weise erinnere ich mich daran, daß Geräusche zu jeder Sprache gehören, die einen Vogel vom anderen unterscheidet.

Ich lasse meine Finger über imaginäre Klaviertasten gleiten und komponiere einen »Tanz der Morgenvögel« – eine Etüde, eine Arabeske, eine muntere Melodie über meine Morgenszene, etwas Bewegendes – ich höre das Stück als ein Werk, das mein Gedächtnis geschaffen hat. Ich empfange Bilder wieder neu.

Wird diese Empfänglichkeit des Geistes mich mit einer Kraft versehen, die das Unabwendbare und das Unerwartete spüren und bewältigen kann – all das, was mir in meinem Leben noch widerfahren wird?

Ich muß das wissen ..., denn ich war monatelang, ja, über ein Jahr, in einer bestimmten Art von Unempfindlichkeit untergegangen. Wenn ein lebenswichtiges Sinnesorgan zerstört worden ist, wenn ein Unglück geschieht, wenn ein Teil unseres persönlichen Radar-Systems, das uns die Welt erkennen läßt, verlorengeht – wie verzweifelt benötigen wir dann die Erfahrung, daß das Mitgefühl, das Verständnis, das Begreifen unserer veränderten Perspektive im Prozeß der mitmenschlichen Anteilnahme zu einem Teil von »da draußen« geworden ist – einem integralen Bestandteil der Welt, die wir berühren, und der Menschen, denen wir begegnen.

*

Ein Gesetz ist ein Gesetz ist kein Gesetz ... mit Bitte um Entschuldigung an Gertrude Stein.

Es ist eine schlichte Feststellung, und sie geht fast unter in dem unhandlichen mehrbändigen Werk, das die Gesetzesbestimmungen des Staates New York umfaßt. Eine Kopie davon trage ich ständig in meiner Brieftasche, sie steckt neben meiner Bibliothekskarte, meinem Führerschein und dem Erkennungsfoto von Sheena und mir, das von der Leithund-Stiftung von Smithtown (New York) ausgestellt worden ist. Es handelt sich um einen Ausweis, der der Welt mitteilt, das wir ein legales Paar sind – ein Taubenhund und eine Person mit Hörschaden. Es stimmt, der Artikel 4 – B, Sektion a-c, der zivilrechtlichen Bestimmungen des Staates New York ist immer ein beruhigender schlafender Wächter für mich gewesen – Das Gesetz –, etwas, was man, zusammen mit dem Leithundausweis, all jenen vorzeigen kann, die mein gemeinsames Auftreten mit Sheena an öffentlichen Orten beanstanden.

Und das war er in der Tat, ein schlafender Verteidiger meiner Bürgerrechte.

Bis zum 6. März 1991, dem Tag, an dem ich eine juristische Aktion in Gang setzte, weil ich mich auf dieses Gesetz berief. Und zwar klagte ich auf Nichtbeachtung meiner Bürgerrechte. Bis heute, fast drei Jahre später, hat die Gerichtsbarkeit des Staates New York es unterlassen, zwei Verletzungen des Artikel 4 – B zu verfolgen, der in Auszügen wie folgt lautet:

»Es darf niemandem der Zutritt und/ oder die Benutzung sowie der Genuß sämtlicher öffentlicher Einrichtungen nur deshalb verwehrt werden, weil besagte Person blind oder taub ist oder weil besagte Person blind oder taub ist und von einem Leithund begleitet wird (47:I).«

Passiert ist es schon früher immer wieder, während der zwölf langen Jahre, in denen wir zusammen gelebt haben und miteinander gereist sind: Man hat die berechtigte Anwesenheit meines Begleiters in öffentlichen Gebäuden, Restaurants, Bildungseinrichtungen, Büros, Flugzeugen, Theatern und Bibliotheken gelegentlich in Zweifel gezogen. Doch noch nie sind wir verbal derart traktiert worden, mit solch dumpfer Brutalität, solch brutaler Gleichgültigkeit gegenüber meiner Taubheit, wie an jenem 6. März 1991, als Sheena und ich vom Direktor der öffentlichen Bücherei in Long Island, New York, schwer beleidigt wurden.

Am 6. März benutzte ich die Nachschlageabteilung dieser Bücherei, etwas, was ich während der vier Jahre, die ich schon in dieser Gemeinde lebte, häufiger getan hatte. Plötzlich wurde ich aufgefordert, das Tier aus den Räumlichkeiten zu entfernen. Eigenmächtig lehnte der Bibliotheksdirektor den Ausweis ab, den ich immer mit mir führe und der bestätigt, daß Sheena ein zugelassener Taubenhund ist – einer von etwa 2000 in diesem Land, die speziell für die Bedürfnisse von Gehörlosen ausgebildet worden sind. Unsere Ausweiskarte hat uns schon durchs ganze Land begleitet, Sheena liegt dann immer zu meinen Füßen in der Passagierabteilung der Flugzeuge; man hat ihr noch nie den Zutritt zu Restaurants oder Krankenhäusern verwehrt (vor kurzem fand sie die Tretmühle im Streß-Testlabor des Glen-Cove-Krankenhauses sehr viel lustiger als ich), und sie durfte auch überall in die Büchereien mitkommen.

Der Direktor bezweifelte nicht nur die Amtlichkeit unseres Ausweises, sondern weigerte sich auch, einen Blick auf die zivilrechtlichen Bestimmungen des Staates New York zu werfen, die ich aus einem Regal zog und an der entsprechenden Stelle aufschlug.

Ich schrieb unmittelbar nach diesem Vorfall an den Präsidenten des Treuhänderausschusses und erwartete (vielleicht naiv) auch eine prompte Antwort. Ich warte immer noch – und der Vorfall wiederholte sich zwei Wochen später, am 19. März 1991.

Daraufhin geschahen schöne Dinge – und etwas Schockierendes. Ich hatte Kopien meines Briefes an den Treuhänderausschuß an diverse staatliche Rechtsberatungsstellen und an die Redaktionen verschiedener Zeitungen geschickt. Die Zeitungen erkannten sehr schnell, daß Taube-Frau-mit-unerwünschtem-Hund eine Geschichte war, die zu Herzen ging. Sheena und ich posierten also höflich und ergreifend für Titelseiten- und Fasttitelseitenruhm.

Dann ruhte mein Fall bis Dezember 1991 im Büro des Justizministers bzw. bei den zuständigen Stellen in Albany, Hempstead und New York City. Monat für Monat teilte man mir mit, daß das Büro des Justizministers dabei sei zu entscheiden, ob es tatsächlich die zuständige Instanz sei, die meine Klage zu behandeln habe. Da gibt es also ein Gesetz mit den entsprechenden Strafen für seine Übertretung, und offensichtlich hatte niemand eine Ahnung, wer für die Strafverfolgung verantwortlich war!

Die Zeitungsgeschichten hatten zahllose wundervolle Briefe zur Folge – mit Vorschlägen für schauerliche Dinge, die man dem Bibliotheksdirektor zufügen wollte; mit einem Heiratsangebot (»Ich werde gut für Sheena sorgen, rufen Sie mich um zwei Uhr nachmittags an, nicht früher, nicht später ..., sagen Sie mir, wie groß Sie sind.«); mit mehreren Heilungsangeboten für meine Taubheit zu nicht genannten, aber angedeuteten Summen; und – als Allerschönstes – mit einem Fernschreiberanruf von Loretta H. Murray, einer tauben Anwältin, die anbot, sich meines Falles anzunehmen und dafür zu sorgen, daß der Staat New York Übertretungen von Gesetzen, die er selber geschrieben hat, auch zur Kenntnis nimmt und verfolgt.

Ich werde häufig gefragt, warum ich mich mit derlei Unannehmlichkeiten herumplage. Und ich erinnere mich an den 6. März; der Direktor verfolgte Sheena und mich gnadenlos von einer Ecke der Bücherei in die andere, während ich nach dem Material suchte, das ich brauchte, und mich bemühte, ihn einfach zu ignorieren. Ich wollte mich nicht rauswerfen lassen. Menschen versammelten sich um uns und folgten uns. Er sagte, er glaube nicht, daß ich taub sei. (»Sie haben mich nicht davon überzeugt, daß Sie dieses ... dieses Tier brauchen.«)

Ich habe eine Behinderung, eine, die unsichtbar ist. Die Beschädigung der Nerven in meinem Ohr berechtigt dazu, daß meine Unfähigkeit, Schall zu empfangen und zu verstehen, als schwerwiegender Verlust im akustischen Bereich definiert werden darf. Meine Hauptbehinderung aber besteht nicht in meiner Taubheit; sie besteht vielmehr darin, daß ich normal sprechen kann und eine hervorragende Lippenleserin bin. Die einzigen Indizien, die einen aufmerksamen Beobachter darauf hinweisen könnten, daß etwas nicht stimmt in meinem Kommunikationssystem, sind meine Hörgeräte und die Tatsache, daß ich stets von einem Hund begleitet werde.

Bibliotheken spielen eine zentrale Rolle in meinem Leben. Ich habe schon in Bibliotheken gelebt, als das Schreiben und Forschen noch nicht mein Beruf waren. Tatsächlich bin ich sogar eine Bibliothekarin, ich habe das »Leseprogramm für Behinderte« des Suffolk County, New York, einer Unterabteilung der Kongreßbibliothek, gegründet und geleitet. Jahrelang habe ich Seminare geleitet und Vorträge gehalten, in denen ich Dienstleistungsunternehmen (wie z. B. Büchereien) über das Leben und die Rechte von Menschen mit Behinderungen aufgeklärt habe. Es ist schon verrückt, daß ich nun selber zu einem Paradebeispiel für den Mißbrauch dieser Rechte werden sollte.

Für meine Arbeit besuchen Sheena und ich Bibliotheken im ganzen Land. Die »Akustische Gesellschaft von Amerika« (Woodbury, New York) hatte keine Schwierigkeit, uns für einen Forschungsmorgen in ihren heiligen Hallen zu empfangen. Die wissenschaftliche Bibliothek der Adelphi-Universität gestattete uns freien Zugang zu abgelegensten Zeitschriften und ließ uns reichlich Zeit zum Lesen. Und mehr als einmal sind Sheena und ich nach der Arbeit in der Hofstra-Universitätsbibliothek zu einem Essen im Speisesaal der Fakultät eingeladen worden.

»Mögen die beschämenden Mauern des Ausschlusses fallen«, das sagte Präsident George Bush im Juli 1990, nachdem er das Gesetz für »Amerikaner mit Behinderungen« (Americans with Disabilities, ADA) unterzeichnete. »Jeder Mensch mit einer Behinderung, sei er Mann, Frau oder Kind, kann jetzt durch Türen, die einst verschlossen waren, ein neues, helles Zeitalter der Gleichheit, der Unabhängigkeit und der Freiheit betreten.« Das sind Worte, die zu lesen jener Bibliotheksdirektor und allzu viele andere Menschen in und außerhalb von Anwaltsbüros sich nicht die Mühe machten; sie nehmen sie einfach nicht zur Kenntnis.

Ich bin eine der 24 Millionen amerikanischen Hörgeschädigten, für die das ADA seit seinem Inkrafttreten im Januar 1992 sich schon als nötig erwiesen hat. Wird dieses Gesetz dazu beitragen, daß wir nicht mehr selber unser Bürgerrecht einfordern müssen? Brauchen wir jetzt nicht mehr zu militanten Maßnahmen zu greifen, wenn wir unser Recht beanspruchen? Oder werden die zuständigen Verantwortlichen weiterhin nicht zur Kenntnis nehmen, daß wir ganz normal am gewöhnlichen – und außergewöhnlichen – Leben teilhaben wollen?

In meiner persönlichen Welt ist das Bemühen um Verständigung häufig eine Angelegenheit voller Unwägbarkeiten; ich kämpfe im Verschwommenen und versuche den Nebel zu lichten und zu erahnen, was gerade geschieht. Ich stelle mir vor, daß der Direktor dieser Bibliothek das Toben wütender Winde, das Weinen eines Kindes, den Gesang der Vögel und das sanfte Rauschen des Regens hören kann. Ich weiß aber auch, daß er das Zerspringen eines Herzens nicht hört, das er aus lauter dumpfem Diensteifer zertreten hat.

Es entsetzt mich, daß ein Angestellter im öffentlichen Dienst die Rechte behinderter Menschen ignoriert. Jener Mann hat bewiesen, wie unqualifiziert manche dieser Angestellten – vielleicht nur aus Unverständnis – sind. Sie sind nicht einmal in der Lage, den Grundbedürfnissen einer Bevölkerung gerecht zu werden, die so verschiedenartig ist wie in dieser Stadt.

Noch mehr bestürzt es mich, daß er – und sei es durch bloße Gleichgültigkeit – von einer Justiz unterstützt wird, die sich nicht darum bemüht, Gesetze durchzusetzen, die zu verteidigen sie geschworen hat. Gibt es irgendeine Hoffnung für die Durchsetzung des ADA auf nationaler Ebene, wenn in einem einzelnen Staat ein derartiges Desinteresse herrscht, um nicht zu sagen, geradezu gedeiht?

Wie viele staatliche Gesetze existieren, die noch nie jemand eingeklagt hat? Vielleicht haben viele es auch aufgegeben, ihr Recht durchzusetzen, da niemand für die Ahndung der Verstöße zuständig sein will. Denn wieso sollte man solche Verstöße verfolgen, da selbst der Justizminister des Staates sich für nichtverantwortlich erklärt?

Meine Klage war durchaus ernsthaft gemeint. Ich wollte, daß sie zur Kenntnis genommen wird. Sie war für mich ein Schritt zur Erziehung der Öffentlichkeit. Ich wollte sie auf den Zustand von Menschen aufmerksam machen, deren Gehör geschädigt ist, und das womöglich so schwer, daß ein kontinuierliches Erfassen von Geräuschen und Sprache gar nicht stattfindet.

Ein Jahr lang dachte ich, wir würden uns vor Gericht wiedersehen, der Bibliotheksdirektor, Sheena und ich und außerdem die geschätzte Loretta, meine Anwältin, deren Glauben an die langsam mahlenden Mühlen der Justiz größer ist als meiner. Sheena konnte es gar nicht abwarten, ihre Pfote beim Schwören auf die Bibel zu legen.

*

Im Oktober 1991 fand ein kurzes Treffen zwischen Vertretern des Justizministeriums vom Staate New York, Abteilung

Manhattan, mit Sheena und mir und meiner Anwältin statt. Davor hatten sie eine Unterredung mit Angestellten der Bibliothek gehabt. Die stellvertretenden Staatsanwälte fragten mich, was ich verlangte und wie ich mir den Ausgang vorstellte.

Ich erklärte ihnen, daß ich zweierlei beabsichtigte: Ich verlangte eine öffentliche Entschuldigung und ein Erziehungsprogramm, das die Bibliothek für ihre Angestellten und die Gemeinde einrichten sollte. Dieses Erziehungsprogramm würde das Verständnis füreinander fördern und die Verbindung zur Gruppe der Behinderten in Glen Cove vertiefen. Ich hatte selber an solchen Programmen teilgenommen und sie auch schon entwickelt; ich weiß deshalb, daß sie sehr wirkungsvoll sein können.

Am 20. Dezember 1991 erhielt meine Anwältin eine Nachricht vom Büro des Justizministeriums: »Wir haben entschieden, daß unsere Dienststelle keine rechtliche Handhabe besitzt, um Ms. Merkers Klage zu verfolgen.«

Gleichzeitig erhielten wir vom Anwalt der Bibliothek eine Erklärung, die ich unterschreiben sollte (Verzicht auf alle laufenden und zukünftigen Forderungen), und dazu die Kopie einer Entschuldigung, die die Bibliothek nach Empfang der unterzeichneten Erklärung veröffentlichen würde. Sie lautete in Auszügen wie folgt:

»Obwohl wir der Überzeugung sind, daß weder die Bibliothek noch ihre Angestellten und Beamten sich etwas Unrechtes haben zuschulden kommen lassen, bedauert der Treuhänderausschuß der öffentlichen Bibliothek von Glen Cove aufrichtig jedwede Unbill, die Ihnen eventuell aufgrund der Ereignisse vom 6. März 1991 widerfahren ist ...«

Mein Fall wurde ab dem 26. Januar 1992 zu einer rein akademischen Frage. Viele Punkte des ADA, das an jenem Tag in Kraft trat, beziehen sich auf die Bedürfnisse der schätzungsweise 24 Millionen Gehörlosen in den Vereinigten Staaten. Werden die Bundesinstitutionen nun endlich Übertretungsklagen ihr Ohr leihen, unseren Bürgerrechten Rechnung tragen und uns den Rücken stärken?

Wir sollten einen bestimmten Tag festlegen – möglichst bald –, an dem alle Taubenhunde auf Long Island – und im ganzen Lande – sich mit ihren Besitzern auf öffentlichen Plätzen einfinden ...

alle auf einmal ...

schnüffelnd und neue Gerüche entdeckend ...

mit zitternder Schnauze ...

eine einhellige Kundgebung, die sich nicht übersehen ließe ...

Nachwort

»Sprache. Ich liebte sie. Und über lange Jahre hinweg sah ich mich selbst, das Gesamt meines Körpers, als ein Ohr.«

Maya Angelou
New York Times, 20. Januar 1993

Die meisten der schätzungsweise 24 Millionen tauben, hörbehinderten oder sprachbehinderten Menschen in den Vereinigten Staaten wurden mit einem gesunden oder fast gesunden Gehör geboren. Die meisten von uns wurden als Geschöpfe geboren, die zuhören können. Wir, die wir heute in stummen oder beinahe stummen Welten leben, fielen in die Kakophonie des modernen Lebens als Hörende ... als Zuhörende. Fast alle können wir uns noch an jene Zeit erinnern, in der Geräusche uns vertraut waren. Irgendwann früher ...

Wenn wir viele Jahre lang ein gutes Gehör besaßen, können wir vielleicht noch sprechen, häufig mit ganz hervorragender Betonung. Im Gegensatz zu der tonlosen Stimme eines Menschen, der taub geboren oder in sehr frühem Alter taub geworden ist. Trotzdem gehören wir in mancherlei Hinsicht zusammen; wir sind nach gehörmedizinischem Maßstab taub oder so hörgeschädigt, daß wir nur sehr begrenzt zum Führen und Verfolgen einer ganz normalen Unterhaltung imstande sind ..., meist gerät das zu so etwas wie einem Ratesport, bei dem wir selten gewinnen. Irgendwann in unserem Leben hat uns eine Krankheit, ein Unfall, irgendein unerklärlicher Dämon heimgesucht und unseren Geräuschsinn beschädigt. Für uns hat sich die vertraute Welt radikal verändert, und manchmal hat sie am Ende nur noch den Umfang der je eigenen Einsamkeit. Mit unserem Verstand erhaschen wir lediglich Bruchstücke von Sprache; Gespräche aber sind der ununterbrochene Strom eines wechselseitigen Geschehens – mit Gelächter und schlagfertigem Hin und Her. Viele von uns bleiben da sehr schnell auf der Strecke.

Die meisten von uns tragen Hörgeräte und sind glücklich über das bescheidene Geschenk; wir verstehen ein bißchen mehr, doch niemals alles. Einige von uns sind hervorragende Lippenleser, und das heißt, wir verstehen hin und wieder einige Wörter, etwa 50 Prozent – meist weniger – von einer Unterhaltung, der Rest ist herrliches wildes Ratespiel. Und einige haben stets ein wandelndes Paar Ohren an ihrer linken Seite, ein Mitglied jener exklusiven, jedoch ständig wachsenden Truppe vierfüßiger Geschöpfe – dazu erzogen, unsere Ohren zu sein.

*

Als ich vor Jahren noch in der Auskunft der öffentlichen Bücherei von Huntington (New York) arbeitete, legte eines Tages ein Labrador-Retriever seine feuchte Schnauze auf meinen Schreibtisch und eine Pfote auf mein Knie. Er forderte mich auf, mit seinem Besitzer zu sprechen, der mit einer kaputten Buchlesemaschine vor mir stand. Konnte ich dafür sorgen, daß sie repariert wurde …, und noch dringender …, wie sollte er in der Zwischenzeit lesen? Abner (der Hund, ein vollendeter Gentleman) beschnüffelte gründlich meine Füße und atmete den Duft von Barney, meinem Boxer, ein, der bald schon mein erster Taubenhund werden sollte, was ich damals allerdings noch nicht wußte.

Abners Besitzer setzte sich in den Sessel neben meinem Schreibtisch, während ich versuchte, den Bezirksvertreter der Telephone Pioneers of America an den Apparat zu bekommen, einer Organisation pensionierter Angestellter, die sich seit langem der Reparatur von Geräten widmeten, die Blinde zum »Lesen« benutzen. Ich organisierte außerdem, daß diesem begierigen Leser eine andere Maschine als Leihgabe ins Haus gebracht wurde. (Zufällig steckten er und Abner gerade mitten in Lolita und waren höchst verärgert über das technische Versagen, das sie beim Zuhören unterbrochen hatte.)

Ich begleitete sie zur Tür, mit einem ganzen Rattenschwanz von Kindern an unseren Fersen. Abner grüßte sie alle, leckte hier jemanden und wedelte da mit dem Schwanz ..., meine Kollegen, die anderen Bibliothekare, das gesamte prächtige Personal am Publikumsschalter dieser wunderbaren Bibliothek, sie alle schienen heilfroh, daß sie sicher hinter ihren Theken verschanzt waren. Als Abners Besitzer kurz an der Tür haltmachte, mit einer Hand nach Abners Halsband griff und die andere vorsichtig nach mir ausstreckte, entstand plötzlich ein Schweigen. Der Mann fand mich und starrte mit blicklosen Augen über meine Schulter hinweg, während seine freie Hand sich zentimeterweise von meinem Ärmel hoch zu meiner Schulter, meinem Hals, meiner Wange tastete. »Ich danke Ihnen«, sagte er, und ein Lächeln ließ sein ganzes Gesicht aufleuchten. Und bevor noch einer von uns überlegen konnte, beugte er sich schnell in die Richtung, wo seine Finger leicht auf meinem Gesicht ruhten, und küßte meine Wange. »Soll ich Ihnen ein Taxi rufen?« fragte ich mit einer Stimme, die vor lauter unausgesprochenen Gefühlen ganz rauh und leise war. Er lehnte das Taxi ab, da er lieber zu Fuß gehen wollte. Es waren nur anderthalb Kilometer bis zu seiner Wohnung, und Abner kannte mehrere Wege dorthin. Er wollte Abner die Entscheidung überlassen.

Als ich mich wieder dem Bibliotheksraum zuwandte, begriff ich plötzlich, worüber ich noch nie nachgedacht hatte – was für eine Furcht Menschen vor dem Unbekannten haben. Blindheit war das Unbekannte – oder noch schlimmer –, etwas Bekanntes, das niemand zur Kenntnis nehmen, vor Augen haben, berühren wollte. Hatte ich all diese Tabus in einer Begegnung, die nur Minuten dauerte, gebrochen?

Ich erzählte meinen Kollegen, wie Helen Keller nach einem Besuch bei Alexander und Mabel Bell in deren Haus in Nova Scotia von Radcliffe aus an Mabel Bell geschrieben hatte: »... der Geruch des Ozeans und der Duft der Kiefern sind mir bis nach Cambridge gefolgt und schweben noch wie eine Segnung um mich.« Sie hatte das Wesen des Bellschen Hauses intuitiv erfaßt, es sinnlich wahrgenommen, ohne auf ihre beiden zerstörten Sinne angewiesen zu sein. Helen Keller verdankte ihre bemerkenswerte Empfänglichkeit, ihr poetisches Gespür für ihre Umwelt einer außergewöhnlichen Offenheit – einer Neugier auf das Leben. Alexander Bells Experimente, an denen sie auch teilnehmen durfte, weckten ihr Interesse für die Wissenschaft: »Eines Tages legte er ihre Hand an einen Telefonmast und fragte sie, was sie dazu dachte. Dann erklärte er ihr, daß die Drähte, die er trug, Lieder von Leben und Tod, von Krieg und Geld, von Furcht und Freude, von Erfolg und Versagen sangen, daß sie die Schranken des Raums durchbrachen und über die ganze Welt hinweg Geist mit Geist in Berührung brachten.«

In ihrer Blicklosigkeit und ihrer Geräuschlosigkeit umarmte Helen Keller die Welt des Sehens und Hörens. Mabel Bell widersetzte sich der Welt des Schweigens und bestand auf der Verständigung über das Schauen. Gegen Ende ihres Lebens schrieb sie: »Ich vermeide alle Hinweise auf meine Behinderung und möchte in der Öffentlichkeit nicht mit anderen tauben Menschen zusammen gesehen werden.« Mabels Sprache war außer von ihrer unmittelbaren Familie und nahen Freunden kaum zu verstehen.

Damit Sheena an die Luft kam, machten Harvey und ich gestern bei zunehmendem Mond kurz vor Mitternacht noch einen Spaziergang und plauderten miteinander. Im Bootshafen war es dunkel, und so unterbrachen wir gelegentlich unsere Runde für eine Weile unter einer Laterne, damit ich sah, was er sagte, und ihm auch antworten konnte. Er konnte mich im Dunkeln verstehen; ich war es, die das Licht brauchte, denn ich mußte schauen, um zuhören zu können, um zu verstehen. Bei einer Abendeinladung vor etwa hundert Jahren bat Alexander Bell einen Freund darum, seine Frau Mabel nach Hause zu begleiten, da er noch eine andere Verabredung hatte. Der Freund kannte den Rhythmus der bevorstehenden Unterhaltung schon: Mabel würde in der Dunkelheit der Nacht plaudern und unter jeder Straßenlaterne auf die Antwort ihres Begleiters warten, denn sie war eisern in ihrem Willen, Unterhaltungen einen normalen, unangestrengten Anstrich zu geben.

*

In dem kürzlich erschienenen Buch *A Man Without Words* beschreibt die Autorin Susan Schaller die Enttäuschungen und die Aufregungen einer Lehrerin, die eine pädagogische Aufgabe zu bewältigen hat, für die es bisher so gut wie keine Vorbilder und schon gar kein Hilfsmaterial gibt. Sie hat versucht, einem siebenundzwanzigjährigen Mann, der nicht sprechen kann, Wörter, Gedanken, Ideen, Vorstellungen beizubringen ... und auch die Mittel, diese auszudrücken:

»Es war mir ein Rätsel, wieso wir überhaupt noch weiterarbeiteten ..., was uns dazu trieb, einander jeden Morgen wieder gegenüberzutreten? ... Wenn ich zurückschaue, denke ich nicht an den Studenten Ildefonso, sondern an Ildefonso, meinen Freund. Als Freunde stießen wir gemeinsam in unerforschte Gebiete vor ... Eine neue Freundschaft vermag einem manchmal das Gefühl zu schenken, daß das Leben ganz neu beginnt. Ildefonso und ich teilten diese Erfahrung und die Herausforderung, wirklich *alles* neu denken zu müssen.«

Darin besteht Erziehung – in der ständigen »Herausforderung, wirklich *alles* neu denken zu müssen«. Die besten Lehrerfahrungen, die ich sowohl als Schülerin als auch als Lehrerin gemacht habe, und das nicht nur in meinem akademischen Leben, entstanden in Situationen, bei denen etwas gemeinsam erkundet wurde. Dabei ging es nicht um bloße Forschung; es ging um die Erkundung von Ideen und um ihre Vermittlungsmethoden; es ging darum, das Gewußte auch angesichts schier unüberwindlicher Hindernisse weiterzugeben (wenn man z. B. einer Gruppe von achtzehn College-Studenten Aufsatzschreiben beibringen soll, obwohl vierzehn von ihnen kaum oder gar kein Englisch sprechen – nichts in meiner vielseitigen Ausbildung hatte mich darauf vorbereitet).

Die neue Herausforderung wird selber zu einer Erkundung, zur Suche nach einem Anfang und – in dem speziellen Fall mit diesen Studenten – auch zu der Frage, wie man miteinander umgeht: wie man einander zuhört, begreift, versteht.

Das Lippenlesen, auf das ich immer baue, war ganz offensichtlich untauglich, solange ich meine Studenten und ihre jeweilige Sprechweise nicht besser kannte. Henry Kisor beschreibt in *What's That Pig Outdoors: A Memoir of Deafness* das heikle Geschäft des Lippenlesens:

»Selbst außergewöhnlich begabte Lippenleser können einer Unterhaltung zwischen mehr als drei oder vier Personen in den seltensten Fällen folgen. Es dauert immer einen Augenblick, bis man den Rhythmus und den Sinn von dem erfaßt, was ein anderer gesagt hat ..., so hinken wir stets hinterher, fallen immer weiter zurück, da unser Verstand Zeit braucht, um das zu entschlüsseln, was wir sehen. Und manchmal geschieht es, daß uns ein Licht erst dann aufgeht, wenn das Gespräch sich längst einem anderen Thema zugewandt hat.«

Kisor bezeichnet sich als »Mitglied einer Minderheit innerhalb einer Minderheit: Ich bin das, was man einen ›Oralisten‹ nennt. Das bedeutet, daß ich mich ausschließlich auf gesprochene Sprache und Lippenlesen verlasse. So unvollkommen das auch sein mag, es hilft mir, in einer Welt der Hörenden zu leben und zu arbeiten. Zeichensprache beherrsche ich überhaupt nicht.« Kisor ist Buchherausgeber und Kolumnist der *Chicago Sun-Times* und seit einer Krankheit im Alter von drei Jahren taub.

»Ich entwickelte eine zunehmende Liebe für den Klang von Wörtern. Natürlich konnte ich sie nicht hören – der akustische Bereich war mir verschlossen. Aber Wörter besitzen klare und deutliche Schwingungen, und ich konnte sie über meine Zunge rollen lassen und spüren, wie sie gegen meine Kehle, gegen Wangen, Zähne, Lippen und Nase trommelten. Die Nase hört. Meine Nasenflügel schwangen bei jedem ›N‹ mit und meine Lippen bei jedem ›A‹. Das ›S‹ verursachte unten an meinen Schneidezähnen ein leichtes Zischen. AU das konnte ich mit dem Trommelfell meines Geistes ›hören‹.«

Genau so »höre« ich in diesem Augenblick die stürmischen Böen, die unser Boot nun schon seit fast vier Tagen schütteln. Ein lauter, dumpfer Schlag mitten in dieses Rütteln hinein läßt mich an ein Fenster treten, das zum Hafen geht. Ich spüre eine Schwingung unter meinen Füßen, die so heftig ist, daß sie zur Bezeichnung »laut« berechtigt. Die Fender, die unser Boot schützen sollen, krachen gegen den Steg, und ich »höre« dieses Geräusch mit meinem Gedächtnis, das ein Gefühl mit dem verbindet, was ich ringsherum beobachte – die wirbelnde

Strömung direkt unter dem Bug, die vom Wind aufgepeitschten schäumenden Wogen, die Möwen, die rückwärts fliegen.

In Wirklichkeit »höre« ich das alles nicht in dem Sinne, wie sich für Hörende Geräusch in Bedeutung übersetzt. Ich »höre« das Toben des Windes ganz lebhaft in meiner Erinnerung, und die wird ausgelöst durch eine unmittelbare Verknüpfung von Schwingungen und dem, was ich sehe. Ich höre zu und weiß Bescheid. Da ist sie, die unsichtbare Luft, die unseren Mast nach Osten über das Boot beugt; da ist es, das Klatschen sturmgepeitschten Wassers, das an der weiß aufsteigenden Gischt und der Schaumlinie zu erkennen ist, die gegen das Ufer spritzt; da ist es, im Kreischen einer Silbermöwe, die ganz in der Nähe auf einem Pfosten hockt und den Schnabel auf- und zumacht, um die schrillen Schreie auszustoßen, die ich nicht hören kann, die aber in mir nachhallen. Mabel Bell hat immer ganz ausdrücklich betont, sie könne Schweigen ebenso wie Geräusche fühlen und hören.

*

Meine Streitangelegenheit mit der Bibliothek hing immer noch in der Schwebe. Sie ruhte unentschieden in den Büros des Justizministeriums. Während ich nun auf Nachfragen des Ministeriums wartete, die die Entscheidung des Falles betrafen, schrieb ich drei pädagogische Aufsätze. Darin schlug ich der Stadt die Einrichtung weiterführender Erziehungsprogramme vor. Ich wußte, daß solche Aus- und Weiterbildungskurse erfolgreich waren und das Verständnis füreinander förderten, denn ich hatte selber schon nach ihnen gearbeitet und die begeisterte Aufgeschlossenheit erlebt, mit der eine Gemeinde sich plötzlich für das Leben von Behinderten interessierte. Ich schrieb unter anderem von der menschlichen

Würde, die jeder einzelne von uns besitzt. Nur wenn wir das begreifen, werde die Furcht verschwinden. Ich schrieb auch darüber, wie sich an jenem Nachmittag mit Abner und seinem blinden Besitzer die ängstliche Angespanntheit nach und nach gelöst hatte. Und ich beschrieb, was nach jenem Tag in der öffentlichen Bücherei von Huntington geschehen war – mit den Angestellten und dem Publikum (beide sowohl behindert als auch nichtbehindert). Damals begann ich nämlich, Huntington zu einer Außenstelle der Behinderten-Spezialabteilung der Kongreßbibliothek auszubauen.

Haben sie zugehört – jene Treuhänder meiner Stadtbibliothek und jene Beamten im Justizministerium –, haben sie dem betäubenden Lärm gelauscht, den die kinetische Energie gemeinschaftlichen Handelns erzeugt, als sie meine kurzen Abhandlungen lasen? Jene Texte über alte Möglichkeiten, die sich von neuem zur Verfügung stellen ließen?

Haben sie sie überhaupt gelesen?

*

Es war im letzten Jahr, in einer kleinen Stadt in den Bergen nördlich von San Francisco. Ich saß im Wohnzimmer meines Sohnes, wo gerade ein Arbeitsessen von etwa zwanzig Leuten stattfand – sie wollten gemeinsam eine Diskussionsvorlage für ihre örtliche Bücherei vorbereiten. Mein Sohn servierte belegte Brote, Salate, jonglierte geschickt mit den Tabletts und schleppte dabei zwei widerspenstige lange Beine mit seinen kanadischen Krücken durch den Raum – solchen, die man in die Oberarme einhakt (ach ...! dieser heimtückische, gnadenlos fortschreitende Zugriff der multiplen Sklerose auf seinen Körper ...).

Sein Rollstuhl war ununterbrochen in Aktion: Die Freunde wechselten sich ab mit ihm und sausten darin durch das langgestreckte Zimmer, um bei den verschiedenen Untergruppen zuzuhören.

Es war eine Frage der Wortbedeutung, die uns wieder alle gemeinsam aufhorchen ließ. Die Gruppe, die sich mit Parkplätzen und Schildern beschäftigte, rang um angemessene Formulierungen. Also wurde mein Sohn Robert gefragt: Robert, was meinst du dazu? Sollen wir ein Schild mit der Aufschrift »Parkplatz für Behinderte« aufstellen ... oder lieber »für Andersbefähigte« sagen ...? Und dann gingen sie die unvermeidlich euphemistischen Bezeichnungen durch, die heutzutage in unserer Sprache grassieren; all die Begriffe, die das verbergen, was doch offensichtlich ist; Wörter, die für »andere« angenehmer sind.

Robert verlangte seinen Rollstuhl zurück. »Ihr könnt es nennen, wie ihr wollt«, sagte er, » ... es ist nur so, daß ihr die Leute verwirrt. Welchen Begriff ihr auch benutzt, es gibt immer jemanden, dem er nicht paßt. Laßt uns doch deutlich sein. Das Wort ›behindert‹ sagt es klipp und klar – da wird nichts verschleiert.«

Wörter! Roberts unbeirrbare Ehrlichkeit beeindruckte mich; ohne Scheu benutzte er dieses scheußliche Wort. Ein Wort, das ich ihm und seinen Schwestern, soweit ich mich erinnere, nie präsentiert hatte in meinem kleinen Schulungsprogramm (jeden Tag ein Wort auf einem Zettel am Kühlschrank), mit dem ich begonnen hatte, als sie noch ganz klein waren. Und dennoch hatte das Wort in seinen Genen gelauert – in jenem lebhaften gesunden Jungen und später dem jungen Mann, der er bis in seine Mittzwanziger hinein gewesen war. Dann tauchte es auf, forderte unsere Aufmerksamkeit, weckte unsere Besorgnis und die Erkenntnis, daß unser Leben forteilt und niemals zu seinem Anfang zurückkehrt. In einem Brief, den ich heute erhielt, beschreibt er den Lehrgang in Bibliotheksrecherche, an dem er im Vorjahr teilgenommen hatte. Es hatte sich um einen Auffrischungskurs für wissenschaftliches Arbeiten gehandelt, als Vorbereitung für die juristischen Seminare, die er jetzt besucht. »Der Unterricht hat mir so gut gefallen, ich finde es herrlich in Bibliotheken!« so beginnt der Brief. »Und wenn ich mich als Kind über all die Lektüre beklagt habe, die Du uns aufgedrückt hast ..., also dann ... vielen Dank dafür!«

Ein neues Leben – wörtlich, laut, beredt –, das im Alter von dreiunddreißig Jahren beginnt.

Er hat in das »Damals« hineingehorcht, das Ewigkeiten her zu sein scheint. Damals, als er noch laufen, auf Berge klettern und große Schaluppen alleine segeln konnte. Er erinnert sich. Das Verschwommene, das Zögerliche, das ungeheuer Unbestimmte in der zurückhaltenden Art, in der so viele Leute mit Behinderten sprechen, sie begrüßen, auf ihre Anwesenheit reagieren – all das hat ihn nicht erreicht. Jenseits des Entsetzens, des blanken Horrors und der Scheu vor der fortschreitenden Krankheit, die sein Leben geändert hat, gibt es Wörter, die sie beschreiben. Es ist unser Gebrauch bzw. Mißbrauch von Wörtern, der uns von einem menschenwürdigen Leben auf der Erde trennt – oder uns fest mit ihm verbindet.

*

Es war im Sommer vor siebeneinhalb Jahren. Ich hatte über das Buch nachgedacht, das ich schreiben wollte. Die typische feuchte Hitze eines Long-Island-Sommers hing schwer über den wechselnden Gezeiten des Glen-Cove-Flusses. Gleißendes Licht lag hinter dem Fenster über meiner Schreibmaschine; es dampfte über den Schlamminseln am anderen Ufer und aus dem Gehölz dahinter mit seinem wilden Vogelleben – Bäumen voller Reiher. Ich zählte dreizehn große weiße und elf große blaue; die Schatten bargen unzählige kleine grüne

Reiher, kaum größer als Nachtreiher, und am Ufer pickte ein halbes Dutzend schneefarbener Silberreiher herum – Ton in Ton die Federn am Hals, wie ein seidiges Geflüster in der stickigen Hitze.

In jenem heißen Sommer brütete ich dieses Buch aus, und ich legte meine ganze Kraft darein, mir selber zweierlei klarzumachen und auch zu formulieren: Ich wollte eine schwer zu fassende Abstraktion, den Schall, in Worte übersetzen, und ich wollte ein Wortgemälde von etwas so Unbenennbarem wie dem Schweigen erschaffen.

Ich heftete mir damals einige Sätze aus Thoreaus *Tagebuch* an meinen Fensterrahmen. Der Dichter schrieb 1850: »Ich wandere über die Berge, um *große* Dinge mit kleinen zu vergleichen ..., hin und wieder erblicke ich durch eine Lücke im Wald ... einen entfernteren Wald oder eine Hügelkette, und die dazwischenliegenden Luftschichten verleihen ihnen eine andere Färbung.« Ich habe in diesen siebeneinhalb Jahren so viele Augenblicke damit verbracht, entfernte »Luftschichten« zu durchdringen, Luft, die von Schall gekräuselt wird, von großen und kleinen Geräuschen, von Schall, den ich nicht hören kann, aber gerne näher kennenlernen möchte, und zwar über die wissenschaftliche Tatsache hinaus, daß er *vorhanden* ist.

Neben mir, auf dem Boden, hockt mein Mann, gegen meine Stapel mit Arbeitsmaterial gelehnt, und liest. Ich berühre seine Schulter. Er schaut mich an. Ich habe meine Hörgeräte ausgeschaltet. Ohne sie kann ich meine eigene Stimme nicht hören, jene leblosen Geräusche, die ich als »ich« zu begreifen gelernt habe. Selbst wenn ich die höchste Lautstärke einstelle, kann ich den Klang, die Unterschiede im Tonfall, die Variationsbreite in Aussprache und rhythmischer Struktur – kurz, all das, was eine Stimme von der anderen unterscheidet – nicht hören. Deshalb konzentriere ich mich auf die sichtbare Sprache, aufs Lippenlesen, und versuche, Absicht und Stimmung des Gesagten zu erfassen, indem ich Mimik und Gesamtverhalten der Person beobachte.

Sabrina, eine dreijährige Karthäuserkatze, die auf einem Nachbarboot geboren ist, hat sich in meinem Schoß zusammengerollt und schnurrt. Meine Finger an ihrem Bauch übersetzen mir ihr zufriedenes Brummen. »Wie klinge ich?« frage ich Harvey. »Was für eine Stimme habe ich?« Es ist die Sprache, mein Bedürfnis nach Wörtern, wodurch mein Schweigen sich mit Bildern füllt. Ich möchte durch Worte die Geräusche wieder neu kennenlernen, ihre äußerste Reichweite ausloten, mich an all die zu schnell vergessenen Einzelheiten erinnern. Das ist es, was mich auf die vielfältigen Möglichkeiten der Sprache setzen läßt. Wissenschaftliche Erkenntnisse, Geschichte, *alles* Wissen bestehen allerdings so lange nur aus bloßen Worten, wie wir uns nicht *selbst* unter die unbekannten »Luftschichten« mischen. Jenes seltsame Gewächs in unserem Kleinhirn, der *arbor vitae* – der Lebensbaum – muß unsere Denkprozesse in Gang setzen, wir müssen uns mit jener Erkenntnissphäre beschäftigen, die sich uns nicht über Augenbeobachtung erschließt. Eine Wissenschaft, die die wunderbaren Details unserer physischen Welt abschreitet und definiert, besteht so lange nur aus bloßen Wörtern auf Papier, wie jene schriftliche Gelehrsamkeit, jene entdeckte Erkenntnis, nicht zu mehr als nur Fakten wird und, womöglich, die Dimensionen des Denkens insgesamt verändert.

Nicht jeder begreift die Dringlichkeit eines solchen Bestrebens. Am besten hat Annie Dillard es in ihrer Autobiographie *An American Childhood* ausgedrückt: »... alles, was man tut, tut man aus einer ganz persönlichen Leidenschaft für die Sache.« Es gebe Augenblicke des Wirklichwerdens, schreibt Dillard, die dir »die schwindelerregende hyperreale Erfahrung schenken, daß du existierst. Du spürst, daß das Leben dein Gesicht streift wie ein großer Ast.«

Harvey denkt noch über meine Frage nach – wie klingt meine Stimme?

»Weich«, sagt er, zwirbelt an seinem Schnurrbart und hat diesen versonnenen Ausdruck in den Augen. »Sehr weich ..., mit einem leichten melodischen Schwung ..., hell, lebhaft ..., es ist einfach eine wunderschöne Stimme ..., nicht verhuscht, tief ..., aber nicht heiser ...« Er lächelt und tätschelt Annabel, unseren dreißig Pfund schweren Kater. Er schaut mich an. »Eine absolut herrliche Stimme ...«

Seine Worte – seine Liebe –, die auf die Luft zwischen uns fallen, sind eine Liebkosung des Lebens – jener große Ast, der einen streift.

*

Es war mein Wunsch, daß das Buch nicht nur die getreue Widerspiegelung meiner Forschungen über Geräusche und ihre Wahrnehmung sein sollte; es sollte aber auch nicht nur ein Erinnerungsbuch werden (das wäre ein anderes Buch).

Mein Wunsch war es, daß meine Erkundungen und mein Schreiben darüber sich nach und nach entfalten sollten – als das ontogenetische Abenteuer einer Frau, die ihr Gehör ziemlich plötzlich verloren hat und die Welt wieder neu entdeckt.

Von daher hat es auch kein Ende, das Abenteuer geht weiter ...

*

Winde pfeifen um Bergspitzen und über endlose Weiten trockenen Sandes. Bäume stürzen in Wäldern. Eisberge bersten und brechen in zwei Teile. Inseln kennen das Rauschen von Blättern in hohen Bäumen, das anschwellende Geräusch der Flut, das Springen und Spritzen der Fische. Das Lied eines einzigen Wals, der eine Gefährtin besiegt, wird von den Meeresgeschöpfen im Umkreis von Meilen vernommen. Und das an einem Ort, den wir, ebenso wie das angrenzende unbewohnte Land, für stumm halten.

Zuhören heißt, das Imaginierte hören.

Wir alle sind Bäume, die im Wald stürzen …

Rosemary Breslin

So hatte ich mir das nicht gedacht

Die Geschichte einer unheilbaren Krankheit und einer großen Liebe. 272 Seiten. Geb. Aus dem Amerikanischen von Karin Diemerling.

In ihrem Buch erzählt Rosemary Breslin über ihre schwere Krankheit, die unheilbare Liebesgeschichte zu ihrem Mann Tony und von ihrem ungebrochenen Willen zu leben.

An einem Tag im Jahr 1989 bekommt Rosemary Breslin Kopfschmerzen, die einfach nicht wieder weggehen wollen. Das ist nur der Anfang, und der ist harmlos. Nach Monaten zahlloser Tests, Bluttransfusionen und unterschiedlichster Behandlungen sind die Ärzte so ratlos wie zuvor. Alles was sie wissen ist, daß die junge Frau weder AIDS noch Krebs hat, sondern eine andere, noch unbekannte lebensbedrohliche Krankheit. Fortan lebt Rosemary Breslin in diesem schrecklichen medizinischen Schwebezustand. Zwei Jahre nach Auftauchen der ersten Symptome ist sie arbeitslos, tief verschuldet, ohne ausreichende Krankenversicherung und kurz davor, auch noch wohnungslos zu werden. Das ist der Moment, in dem sie ihren zukünftigen Mann, Tony Dunne, kennenlernt – und der Beginn einer ganz wunderbaren unheilbaren Liebesgeschichte.

KABEL